Robert Schumann, Max Friedlaender

Sämtliche Lieder für eine Singstimme mit Klavierbegleitung

Band 1

Robert Schumann, Max Friedlaender

Sämtliche Lieder für eine Singstimme mit Klavierbegleitung
Band 1

ISBN/EAN: 9783743350939

Hergestellt in Europa, USA, Kanada, Australien, Japan

Cover: Foto ©ninafisch / pixelio.de

Manufactured and distributed by brebook publishing software (www.brebook.com)

Robert Schumann, Max Friedlaender

Sämtliche Lieder für eine Singstimme mit Klavierbegleitung

Vorwort.

Die vorliegende Ausgabe stützt sich in allen Fällen auf die ursprünglichen Drucke, deren Veröffentlichung der Komponist selbst überwacht hat. Leider sind diese Original-Ausgaben häufig inkorrekt, und da es bei gewissen Stellen nicht leicht ist, zu entscheiden, ob es sich um einen Druckfehler oder eine beabsichtigte Variante des Autors handelt, mußte der Unterzeichnete auch Einblick in die Handschriften Schumanns zu gewinnen suchen. Infolge der freundlichst gewährten Erlaubnis des Königl. Preußischen Unterrichts-Ministeriums, für die ich hierdurch ehrerbietigen Dank ausspreche, ist dies ermöglicht worden, sodaß für sämtliche Lieder dieses Bandes mit Ausnahme des drittletzten und letzten die Autographen zur Vergleichung herangezogen werden konnten. Es boten sich ferner noch als Material für die kritische Durchsicht die von Schumann zur Stichvorlage bestimmten Manuskript-Abschriften von *Frauen-Liebe und Leben*, von *Übern Garten durch die Lüfte*, von der *Frühlingsfahrt*, *Blondels Lied*, dem *armen Peter*, außerdem die von Schumann selbst verbesserten Druckabzüge des *Liederkreises* Op. 39, des *Volksliedchens* und von *Ich wandre nicht*.

Berlin.   Max Friedlaender.

INHALT.

Myrten. Op. 25.

Nº			Pag.
1.	Widmung	*Du meine Seele, du mein Herz*	3
2.	Freisinn	*Laßt mich nur auf meinem Sattel*	6
3.	Der Nußbaum	*Es grünet ein Nußbaum*	8
4.	Jemand	*Mein Herz ist betrübt*	12
5.	Aus dem Schenkenbuch im Divan	*Sitz ich allein, wo kann ich besser sein?*	14
6.	Aus dem Schenkenbuch im Divan	*Setze mir nicht, du Grobian*	15
7.	Die Lotosblume	*Die Lotosblume ängstigt sich*	17
8.	Talismane	*Gottes ist der Orient*	19
9.	Lied der Suleika	*Wie mit innigstem Behagen*	21
10.	Die Hochländer-Witwe	*Ich bin gekommen ins Niederland*	24
11.	Lied der Braut	*Mutter, Mutter! glaube nicht*	27
12.	Lied der Braut	*Laß mich ihm am Busen hangen*	29
13.	Hochländers Abschied	*Mein Herz ist im Hochland*	30
14.	Hochländisches Wiegenlied	*Schlafe, süßer kleiner Donald*	33
15.	Aus den hebräischen Gesängen	*Mein Herz ist schwer!*	34
16.	Rätsel	*Es flüsterts der Himmel*	38
17.	Venetianisches Lied	*Leis rudern hier, mein Gondolier*	41
18.	Venetianisches Lied	*Wenn durch die Piazzetta*	44
19.	Hauptmanns Weib	*Hoch zu Pferd! Stahl auf zartem Leibe*	46
20.	Weit, weit	*Wie kann ich froh und munter sein*	48
21.	Was will die einsame Träne	*Was will die einsame Träne?*	49
22.	Niemand	*Ich hab mein Weib allein*	51
23.	Im Westen	*Ich schau über Forth hinüber*	53
24.	Du bist wie eine Blume	*Du bist wie eine Blume*	54
25.	Aus den östlichen Rosen	*Ich sende einen Gruß*	55
26.	Zum Schluß	*Hier in diesen erdbeklommnen Lüften*	57

*) Alphabetische Übersicht sämtlicher Lieder von Schumann befindet sich am Schluß dieses Bandes.

Liederkreis. Op. 39.

No			Pag.
27.	In der Fremde	*Aus der Heimat hinter den Blitzen rot*	58
28.	Intermezzo	*Dein Bildnis wunderselig*	60
29.	Waldesgespräch	*Es ist schon spät, es ist schon kalt*	62
30.	Die Stille	*Es weiß und rät es doch keiner*	66
31.	Mondnacht	*Es war, als hätt der Himmel*	68
32.	Schöne Fremde	*Es rauschen die Wipfel und schauern*	70
33.	Auf einer Burg	*Eingeschlafen auf der Lauer*	72
34.	In der Fremde	*Ich hör die Bächlein rauschen*	74
35.	Wehmut	*Ich kann wohl manchmal singen*	76
36.	Zwielicht	*Dämmrung will die Flügel spreiten*	78
37.	Im Walde	*Es zog eine Hochzeit den Berg entlang*	80
38.	Frühlingsnacht	*Überm Garten durch die Lüfte*	82

Frauen-Liebe und Leben. Op. 42.

39.	Seit ich ihn gesehen	*Seit ich ihn gesehen*	84
40.	Er, der Herrlichste von allen	*Er, der Herrlichste von allen*	86
41.	Ich kanns nicht fassen	*Ich kanns nicht fassen*	90
42.	Du Ring an meinem Finger	*Du Ring an meinem Finger*	92
43.	Helft mir, ihr Schwestern	*Helft mir, ihr Schwestern*	94
44.	Süßer Freund, du blickest	*Süßer Freund, du blickest*	97
45.	An meinem Herzen	*An meinem Herzen*	100
46.	Nun hast du mir den ersten Schmerz	*Nun hast du mir den ersten Schmerz getan*	104

Dichterliebe. Op. 48.

47.	Im wunderschönen Monat Mai	*Im wunderschönen Monat Mai*	106
48.	Aus meinen Tränen sprießen	*Aus meinen Tränen sprießen*	108
49.	Die Rose, die Lilie, die Taube	*Die Rose, die Lilie, die Taube*	109
50.	Wenn ich in deine Augen seh	*Wenn ich in deine Augen seh*	110
51.	Ich will meine Seele tauchen	*Ich will meine Seele tauchen*	112
52.	Im Rhein, im heiligen Strome	*Im Rhein, im heiligen Strome*	114
53.	Ich grolle nicht, und wenn das Herz	*Ich grolle nicht, und wenn das Herz*	116
54.	Und wüßtens die Blumen	*Und wüßtens die Blumen*	118
55.	Das ist ein Flöten und Geigen	*Das ist ein Flöten und Geigen*	121
56.	Hör ich das Liedchen klingen	*Hör ich das Liedchen klingen*	124
57.	Ein Jüngling liebt ein Mädchen	*Ein Jüngling liebt ein Mädchen*	126
58.	Am leuchtenden Sommermorgen	*Am leuchtenden Sommermorgen*	128
59.	Ich hab im Traum geweinet	*Ich hab im Traum geweinet*	130
60.	Allnächtlich im Traume seh ich dich	*Allnächtlich im Traume seh ich dich*	132
61.	Aus alten Märchen winkt es	*Aus alten Märchen winkt es*	134
62.	Die alten, bösen Lieder	*Die alten, bösen Lieder*	138

Ausgewählte Lieder.

63.	Op. 24	Mit Myrten und Rosen	*Mit Myrten und Rosen*	141
64.	Op. 35	Wanderlied	*Wohlauf! noch getrunken*	145
65.	Op. 35	Erstes Grün	*Du junges Grün, du frisches Gras*	148
66.	Op. 36	Sonntags am Rhein	*Des Sonntags in der Morgenstund*	150
67.	Op. 36	An den Sonnenschein	*O Sonnenschein, o Sonnenschein*	154
68.	Op. 45	Frühlingsfahrt	*Es zogen zwei rüstge Gesellen*	156
69.	Op. 49	Die beiden Grenadiere	*Nach Frankreich zogen*	160
70.	Op. 51	Volksliedchen	*Wenn ich früh in den Garten geh*	164
71.	Op. 51	Ich wandre nicht	*Warum soll ich denn wandern*	166
72.	Op. 53	Blondels Lied	*Spähend nach der Eisengitter*	169
73.	Op. 53	Der arme Peter I	*Der Hans und die Grete tanzen*	174
73.	Op. 53	Der arme Peter II	*In meiner Brust, da sitzt*	176
73.	Op. 53	Der arme Peter III	*Der arme Peter wankt vorbei*	177
74.	Op. 64	Die Soldatenbraut	*Ach, wenns nur der König*	178
75.	Op. 79	Marienwürmchen	*Marienwürmchen, setze dich*	181
76.	Op. 127	Dein Angesicht	*Dein Angesicht, so lieb und schön*	183
77.	Op. 138	Romanze	*Flutenreicher Ebro*	185

II.
Freisinn.
(Goethe.)

III.
Der Nußbaum.
(Mosen.)

Allegretto.

Es grü-vor dem Haus, duf-tig, luf-tig brei-tet er blätt-r* aus. lieb-li-che Blü-ten ste-hen dran;

*Schumann schrieb „Blätter", in Mosens Original steht „Äste".

Edition Peters. 9307 Nach Belieben Da Capo zu singen von 𝄋 an

VI.
Lieder
aus dem Schenkenbuch im Divan.
(Goethe.)
No. 2.

VII.
Die Lotosblume.
(Heine.)

Ziemlich langsam.

Die Lotosblume ängstigt sich vor der Sonne Pracht, und mit gesenktem Haupte erwartet sie träumend die Nacht. Der Mond, der ist ihr Buhle, er weckt sie mit seinem

VIII.
Talismane.
(Goethe.)

IX.
Lied der Suleika.
(Goethe.)

ritard..

X.
Die Hochländer-Witwe.
(Burns.)

Lied der Braut.
(Rückert.)
No 1.

XII.
Lied der Braut.
(Rückert.)
N.º 2.

XIII.
Hochländers Abschied.
(Burns.)

XIV.
Hochländisches Wiegenlied.
(Burns.)

XV.
Aus den hebräischen Gesängen.
(Byron.)

XVI.
Rätsel.
(Byron.)

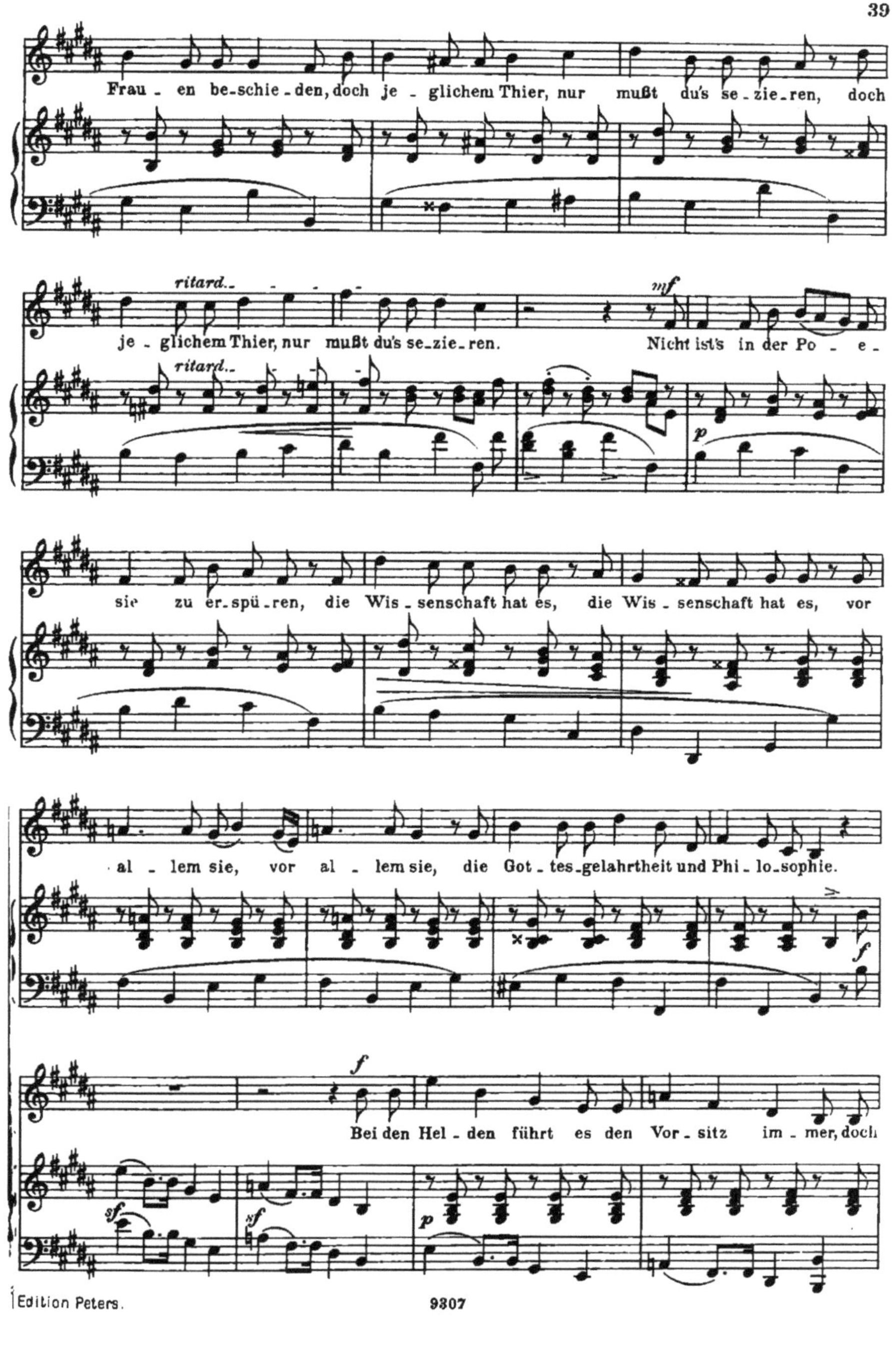
Frau - en be-schie - den, doch je - glichem Thier, nur mußt du's se - zie - ren, doch
ritard.
je - glichem Thier, nur mußt du's se - zie - ren.
mf
Nicht ist's in der Po - e -
p
sie zu er - spü - ren, die Wis - senschaft hat es, die Wis - senschaft hat es, vor
al - lem sie, vor al - lem sie, die Got - tes - gelahrtheit und Phi - lo - sophie.
f
sf
Bei den Hel - den führt es den Vor - sitz im - mer, doch

*) Der Musiker glaubt durch Verschweigen der letzten Silbe sich deutlich genug ausgesprochen zu haben.

XVII.
Zwei Venetianische Lieder.
(Thomas Moore.)

Nº 1.

XVIII.
Zwei Venetianische Lieder.
(Thomas Moore.)

N⁰ 2.

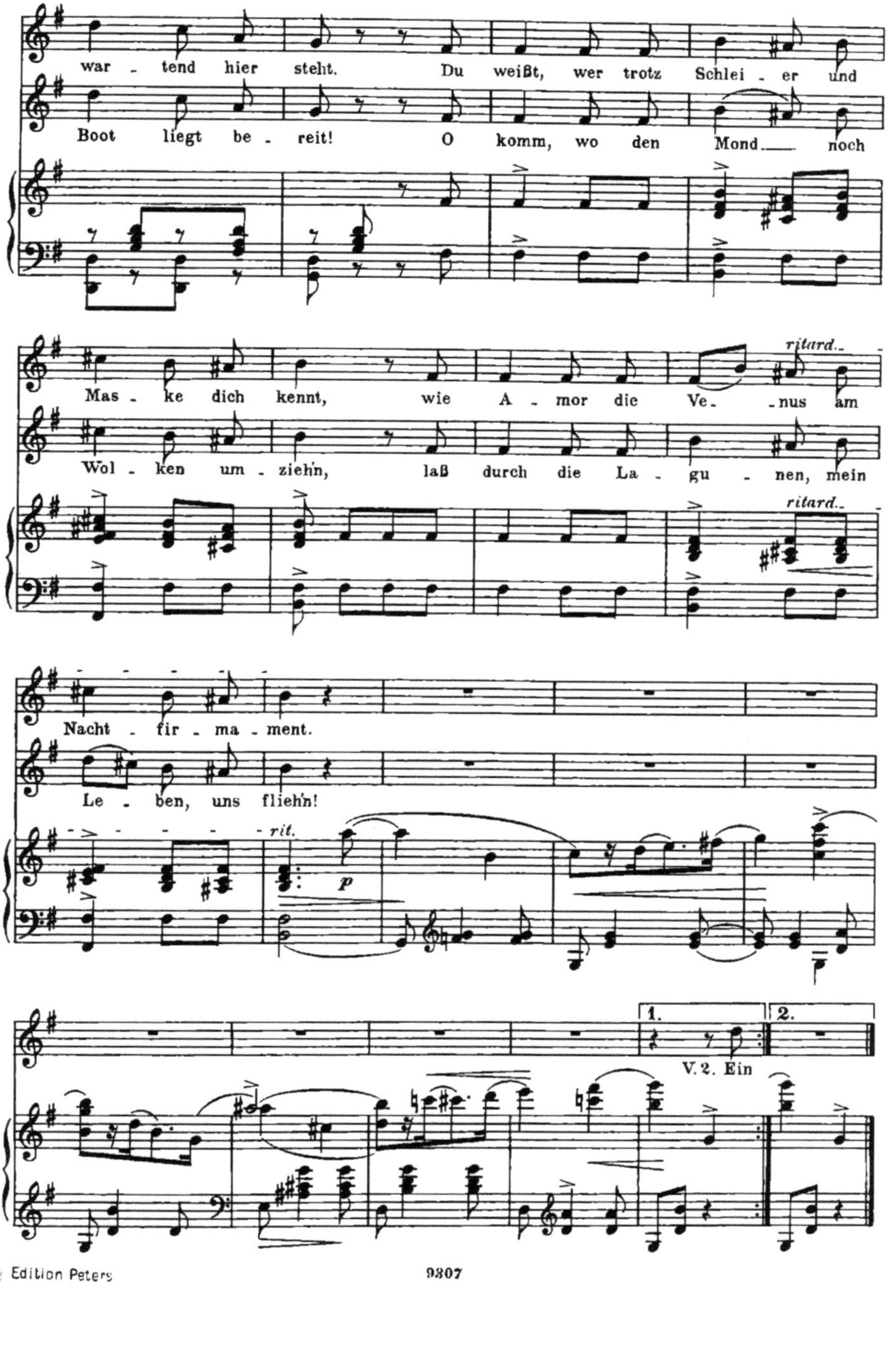
war - tend hier steht. Du weißt, wer trotz Schlei - er und
Boot liegt be - reit! O komm, wo den Mond noch
Mas - ke dich kennt, wie A - mor die Ve - nus am
Wol - ken um - zieh'n, laß durch die La - gu - nen, mein
ritard.
Nacht - fir - ma - ment.
Le - ben, uns flieh'n!
rit.
p
1.
2.
V. 2. Ein

XIX.
Hauptmanns Weib.
(Burns.)

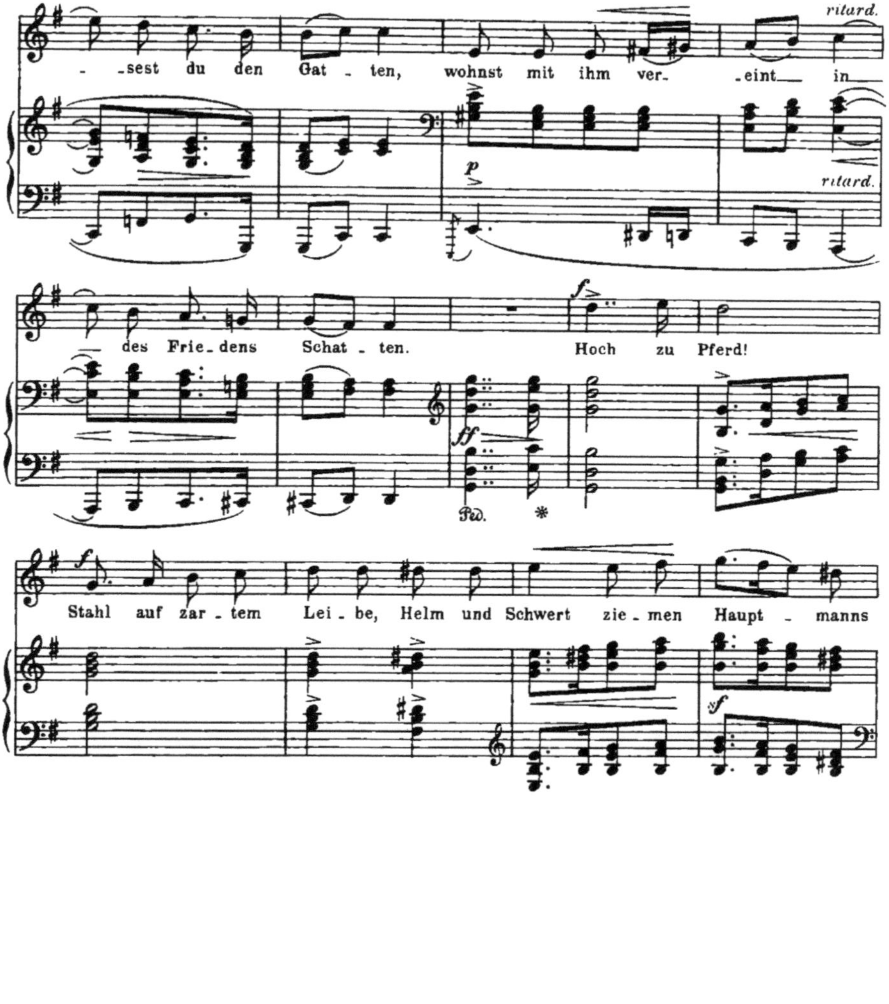
ritard.
-sest du den Gat - ten, wohnst mit ihm ver- -eint in
p
ritard.
des Frie - dens Schat - ten. Hoch zu Pferd!
f
ff
Ped.
f
Stahl auf zar - tem Lei - be, Helm und Schwert zie - men Haupt - manns
sf

XXI.
Was will die einsame Träne.
(Heine.)

XXII.

Niemand.

Seitenstück zu „Jemand."

(Burns.)

22.

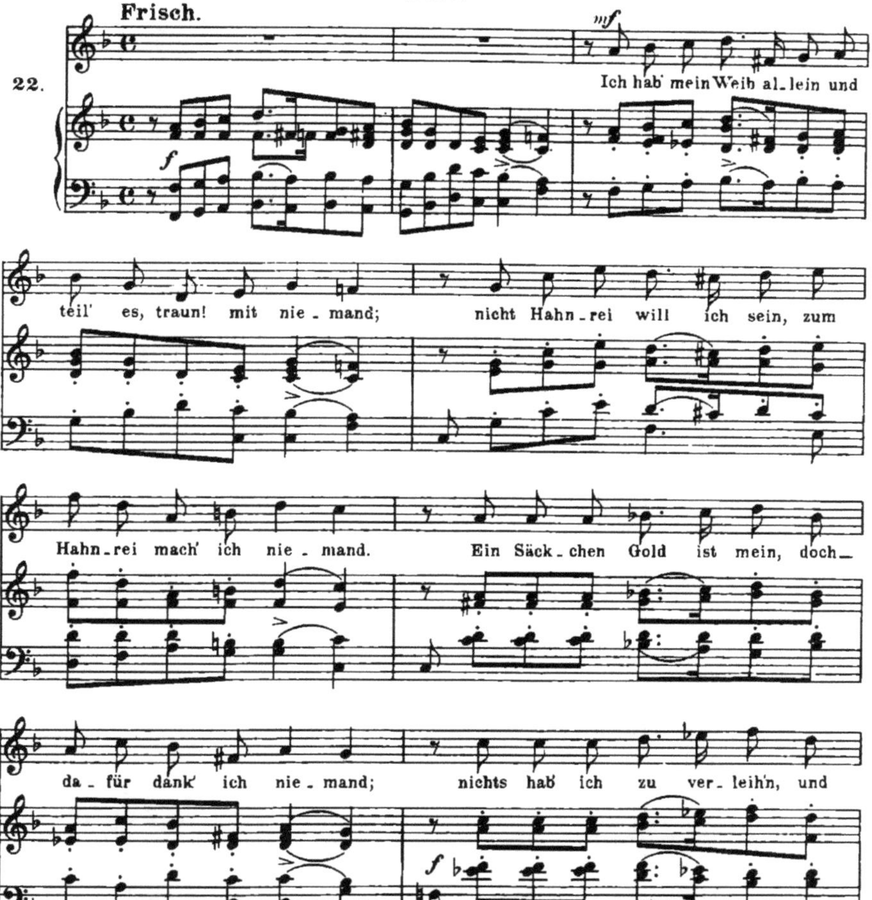

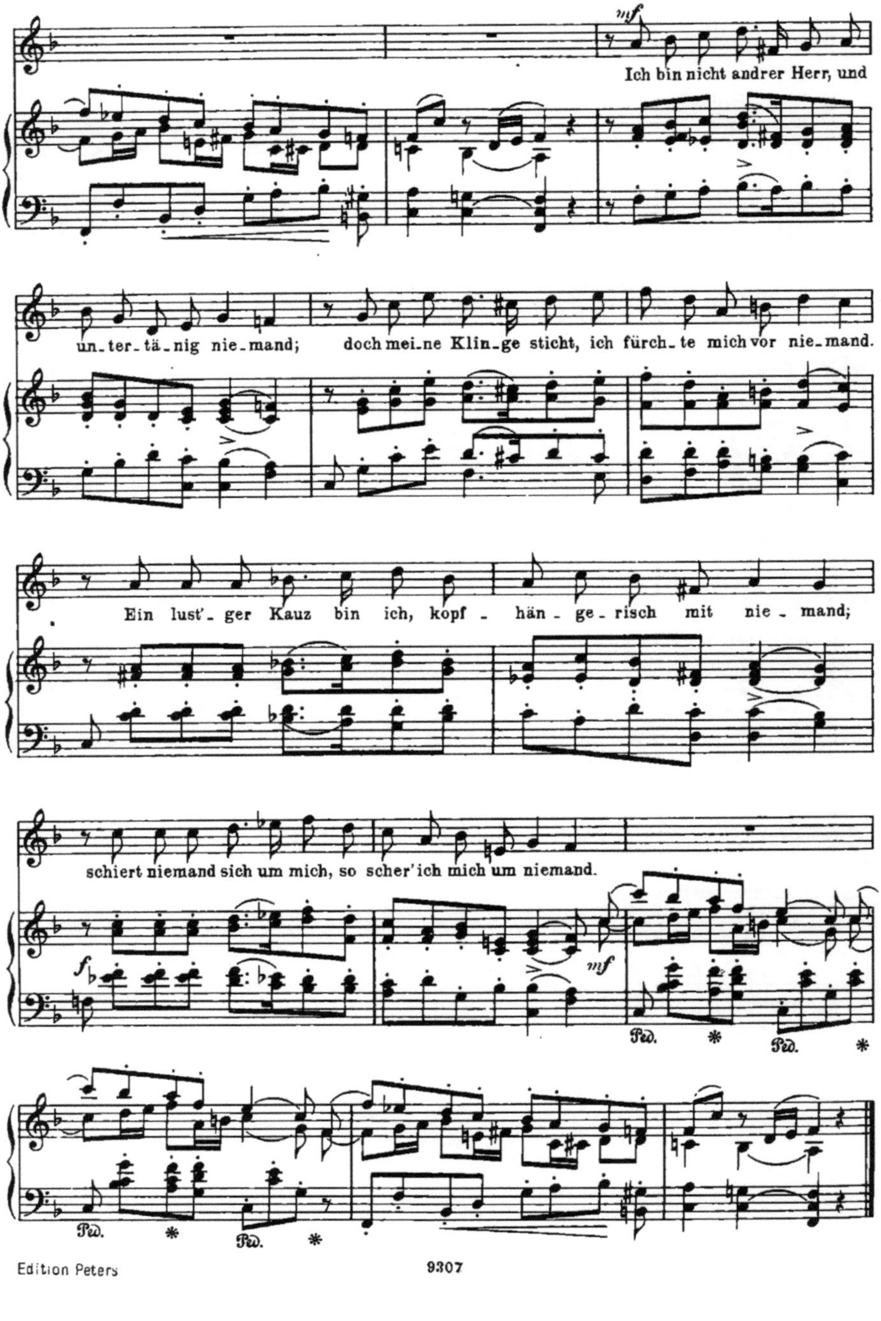
mf
Ich bin nicht andrer Herr, und
un-ter-tä-nig nie-mand; doch mei-ne Klin-ge sticht, ich fürch-te mich vor nie-mand.
Ein lust'-ger Kauz bin ich, kopf-hän-ge-risch mit nie-mand;
schiert niemand sich um mich, so scher' ich mich um niemand.
f
mf
Ped.
Ped.
Ped.
Ped.

XXIII.
Im Westen.
(Burns.)

XXV.
Aus den östlichen Rosen.
(Rückert.)

XXVI.
Zum Schluß.
(Rückert.)

Liederkreis.
(Eichendorff.)

I.
In der Fremde.

ru - he ich auch, da ru - he ich
auch, und ü - ber mir rauscht die schö - - ne
Wald - ein - sam - keit, die schö - ne Wald - einsam-
keit, und kei - ner kennt mich mehr hier, und
kei - ner kennt mich mehr hier.

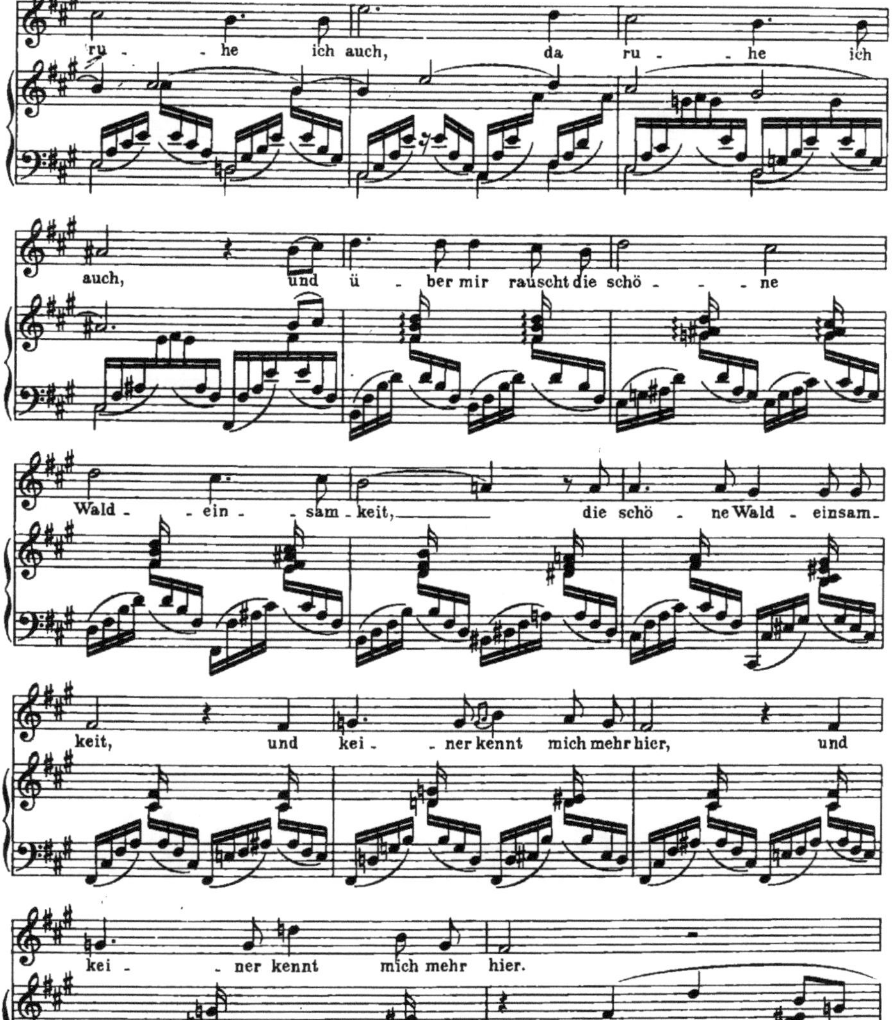

II.
Intermezzo.

III.
Waldesgespräch.

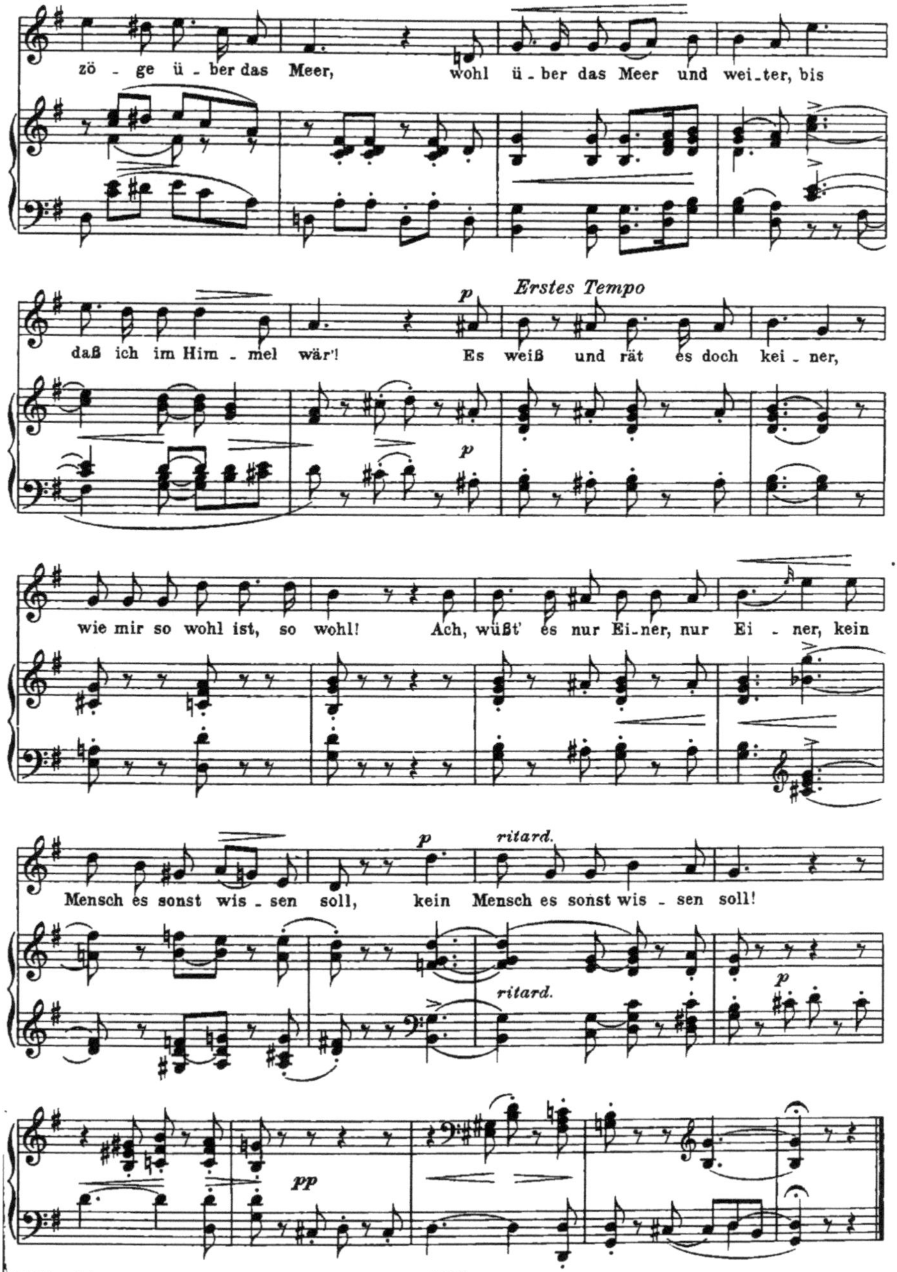
zö - ge ü - ber das Meer, wohl ü - ber das Meer und wei - ter, bis
Erstes Tempo
p
daß ich im Him - mel wär'! Es weiß und rät es doch kei - ner,
p
wie mir so wohl ist, so wohl! Ach, wüßt' es nur Ei - ner, nur Ei - ner, kein
p
ritard.
Mensch es sonst wis - sen soll, kein Mensch es sonst wis - sen soll!
ritard.
p
pp

Mondnacht.

Op. 39. No 5.

VI.
Schöne Fremde.

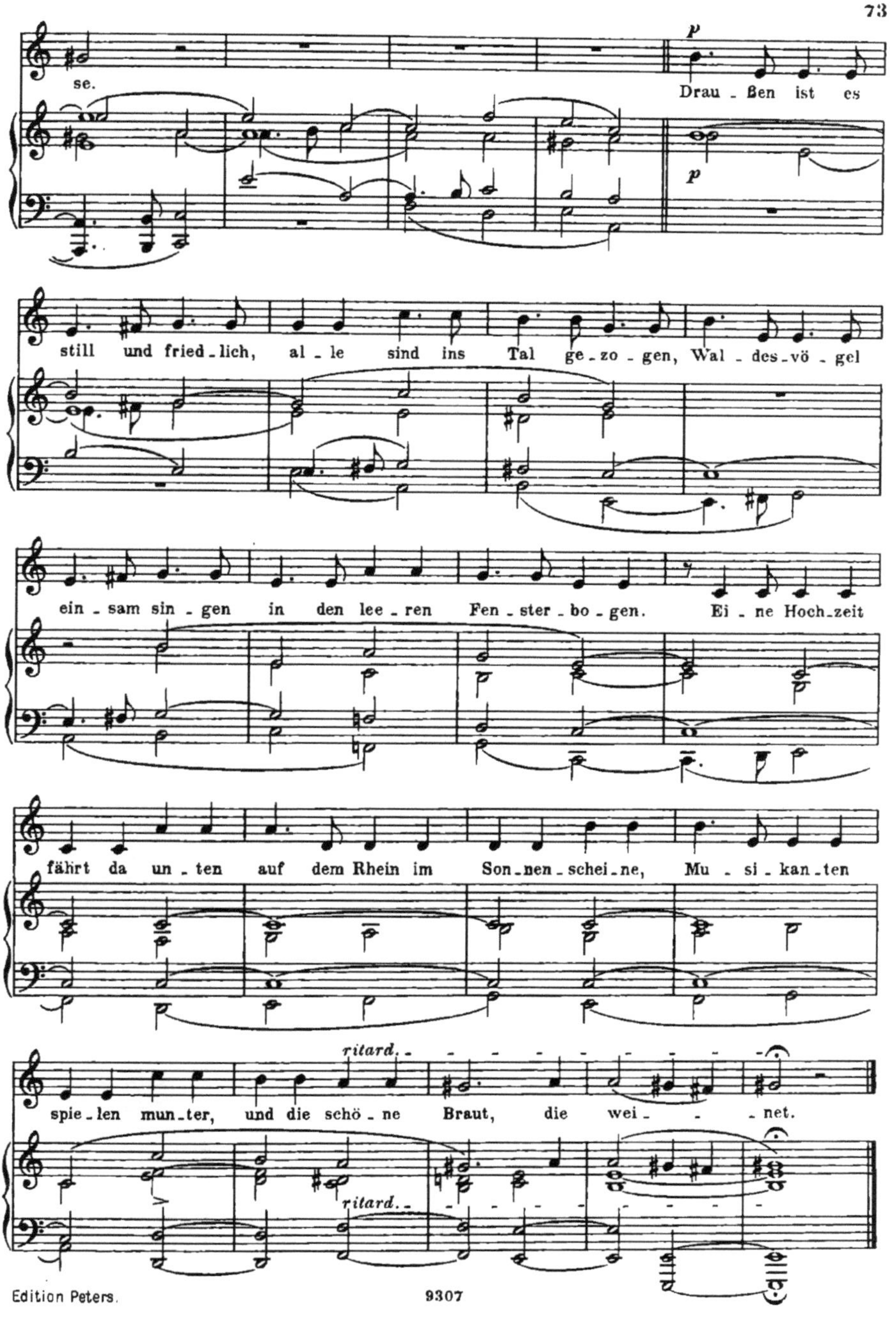
p
se.
Drau - ßen ist es
p
still und fried - lich, al - le sind ins Tal ge - zo - gen, Wal - des - vö - gel
ein - sam sin - gen in den lee - ren Fen - ster - bo - gen. Ei - ne Hoch - zeit
fährt da un - ten auf dem Rhein im Son - nen - schei - ne, Mu - si - kan - ten
ritard.
spie - len mun - ter, und die schö - ne Braut, die wei - - net.
ritard.

VIII.
In der Fremde.

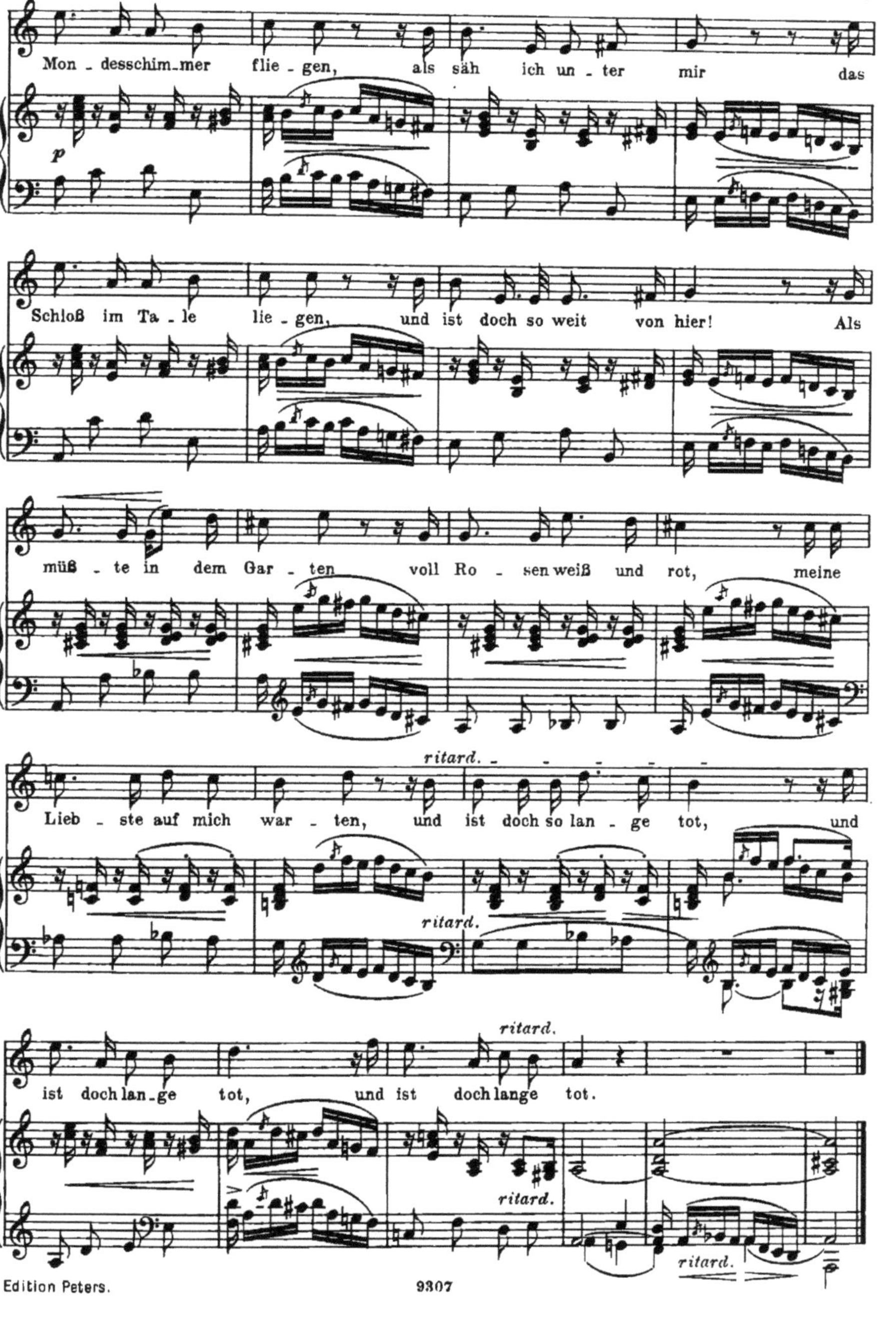
Mon - desschim - mer flie - gen, als säh ich un - ter mir das
p
Schloß im Ta - le lie - gen, und ist doch so weit von hier! Als
müß - te in dem Gar - ten voll Ro - sen weiß und rot, meine
ritard.
Lieb - ste auf mich war - ten, und ist doch so lan - ge tot, und
ritard.
ist doch lan - ge tot, und ist doch lange tot.
ritard.
ritard.
ritard.

X.
Zwielicht.

XI.
Im Walde.

XII.
Frühlingsnacht.

Frauenliebe und Leben.
(Chamisso.)

I.
Seit ich ihn gesehen.

II.
Er, der Herrlichste von allen.

Innig, lebhaft.

40.

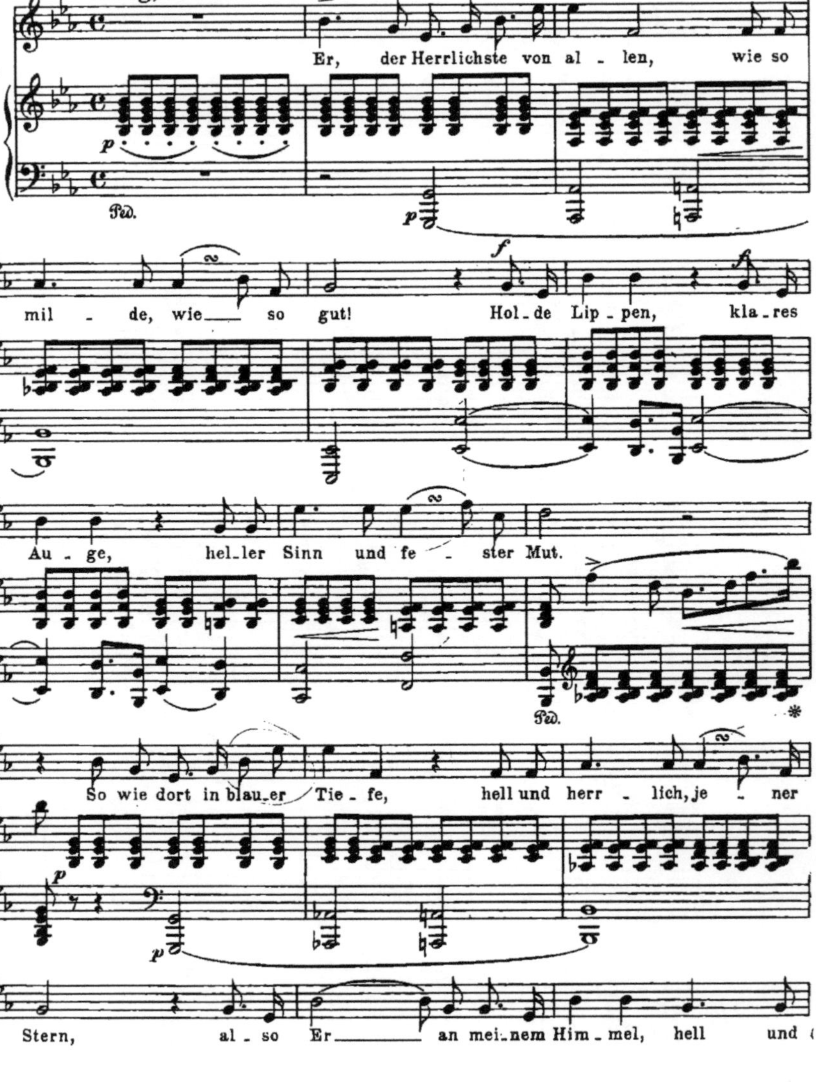

III.
Ich kann's nicht fassen, nicht glauben.

IV.
Du Ring an meinem Finger.

V. Helft mir, ihr Schwestern.

VI.
Süßer Freund, du blickest.

VII.
An meinem Herzen, an meiner Brust.

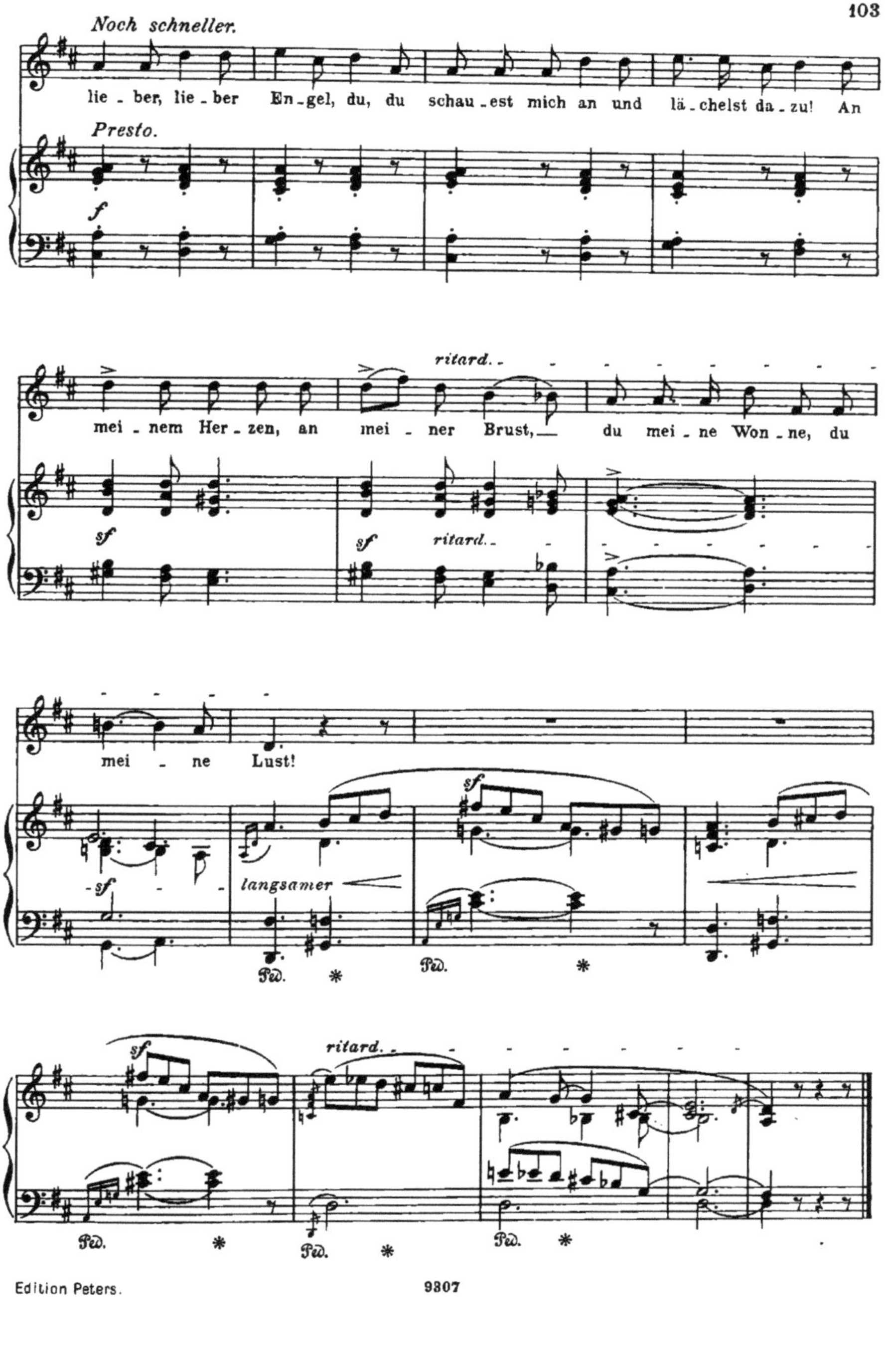
Noch schneller.
lie - ber, lie - ber En - gel, du, du schau - est mich an und lä - chelst da - zu! An
Presto.
f
mei - nem Her - zen, an mei - ner Brust, — du mei - ne Won - ne, du
ritard.
sf
sf
ritard.
mei - ne Lust!
sf
langsamer
sf
Ped.
sf
ritard.
Ped.

VIII.
Nun hast du mir den ersten Schmerz getan.

Dichterliebe.
(Heine.)

I.
Im wunderschönen Monat Mai.

II.
Aus meinen Tränen sprießen.

III.
Die Rose, die Lilie, die Taube.

IV.
Wenn ich in deine Augen seh'.

Edition Peters.

V.
Ich will meine Seele tauchen.

be_ _ _ben, wie der Kuß von ih_ _rem

Mund, den sie mir einst_____ ge_

ge_ _ben in wun_der_bar sü_ _ßer Stund!

ritar_ _ _ _dan_ _ _ _do

VI.
Im Rhein, im heiligen Strome.

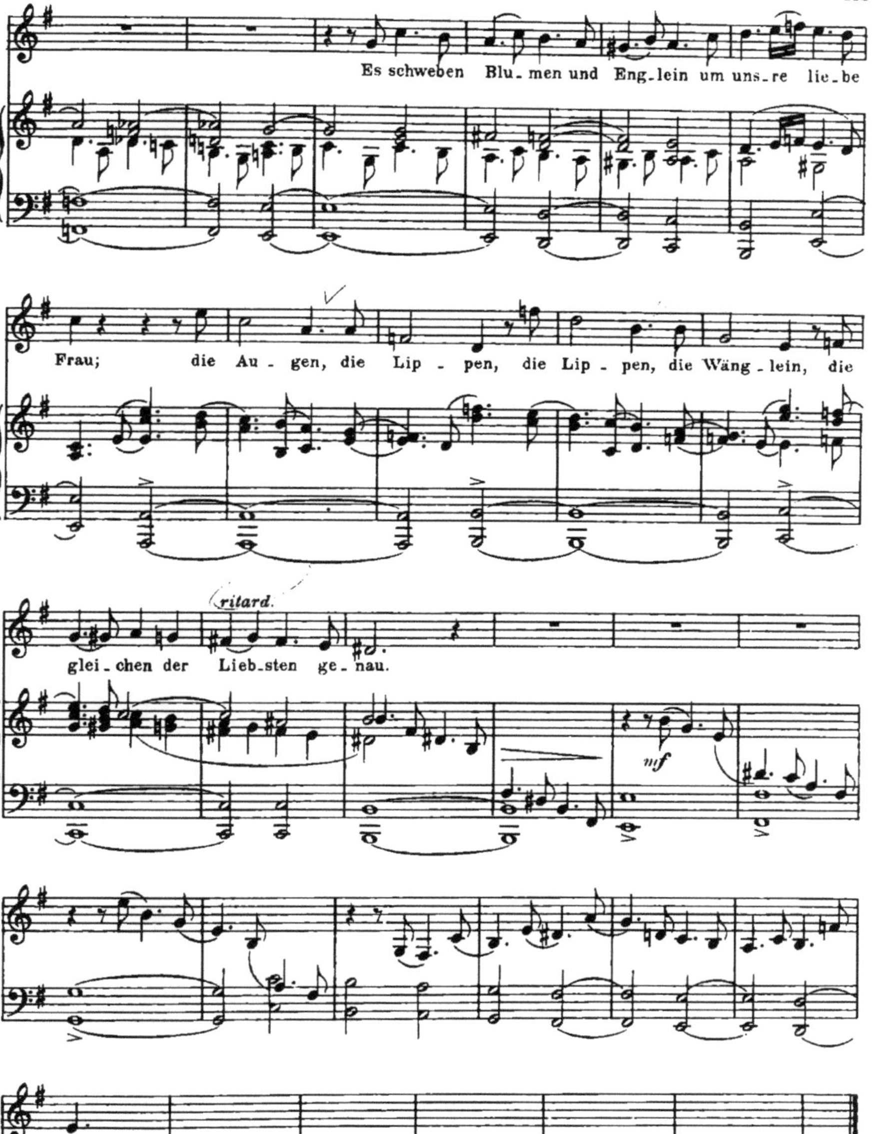
Es schweben Blu_men und Eng_lein um uns_re lie_be
Frau; die Au_gen, die Lip_pen, die Lip_pen, die Wäng_lein, die
ritard.
glei_chen der Lieb_sten ge_nau.
mf
ritar_dan_do

VII.
Ich grolle nicht.

VIII.
Und wüßten's die Blumen, die kleinen.

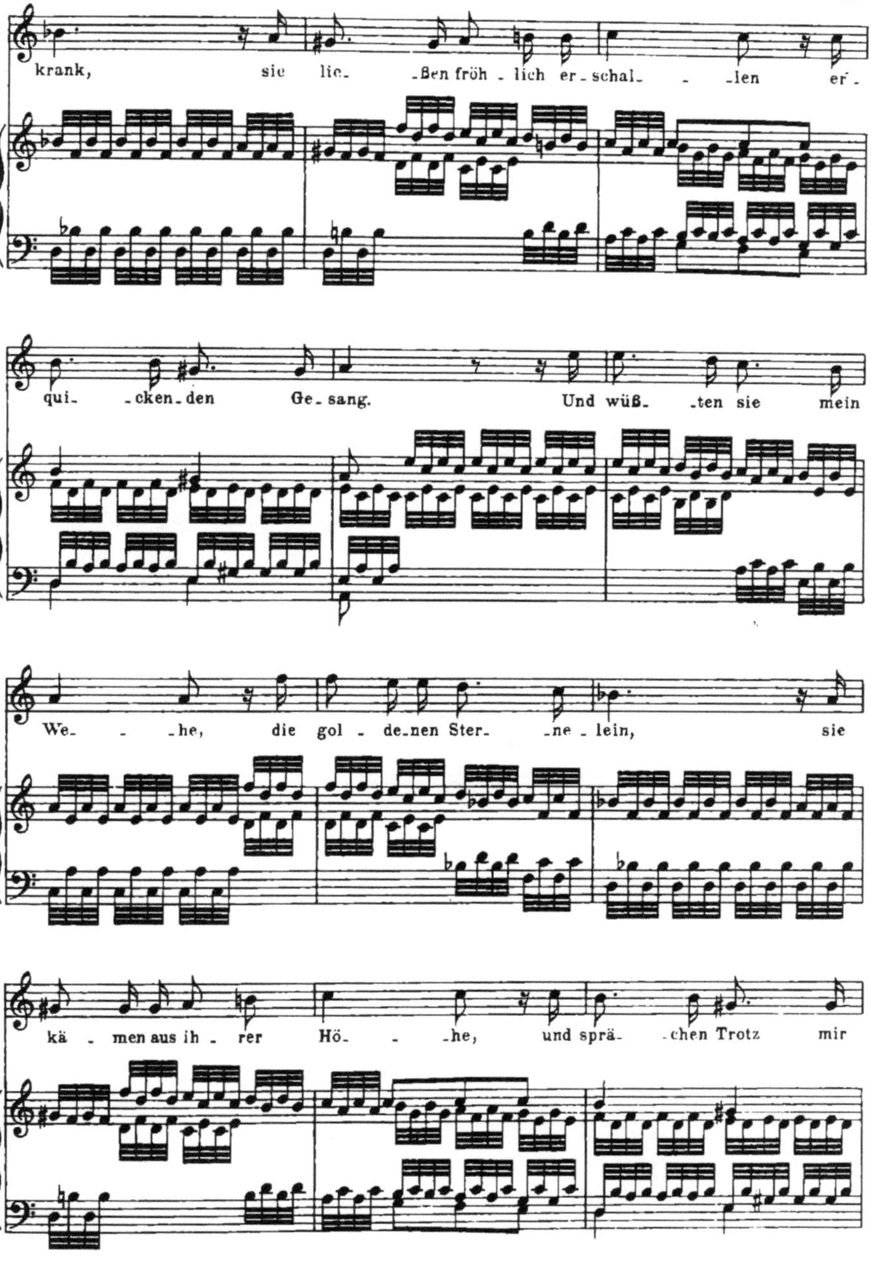
krank, sie lie- -ßen fröh - lich er - schal- - -len er-
qui- -cken- den Ge - sang. Und wüß- -ten sie mein
We- - -he, die gol- de-nen Ster- -ne - lein, sie
kä - men aus ih - rer Hö- - -he, und sprä- -chen Trotz mir

IX.
Das ist ein Flöten und Geigen.

X.
Hör' ich das Liedchen klingen.

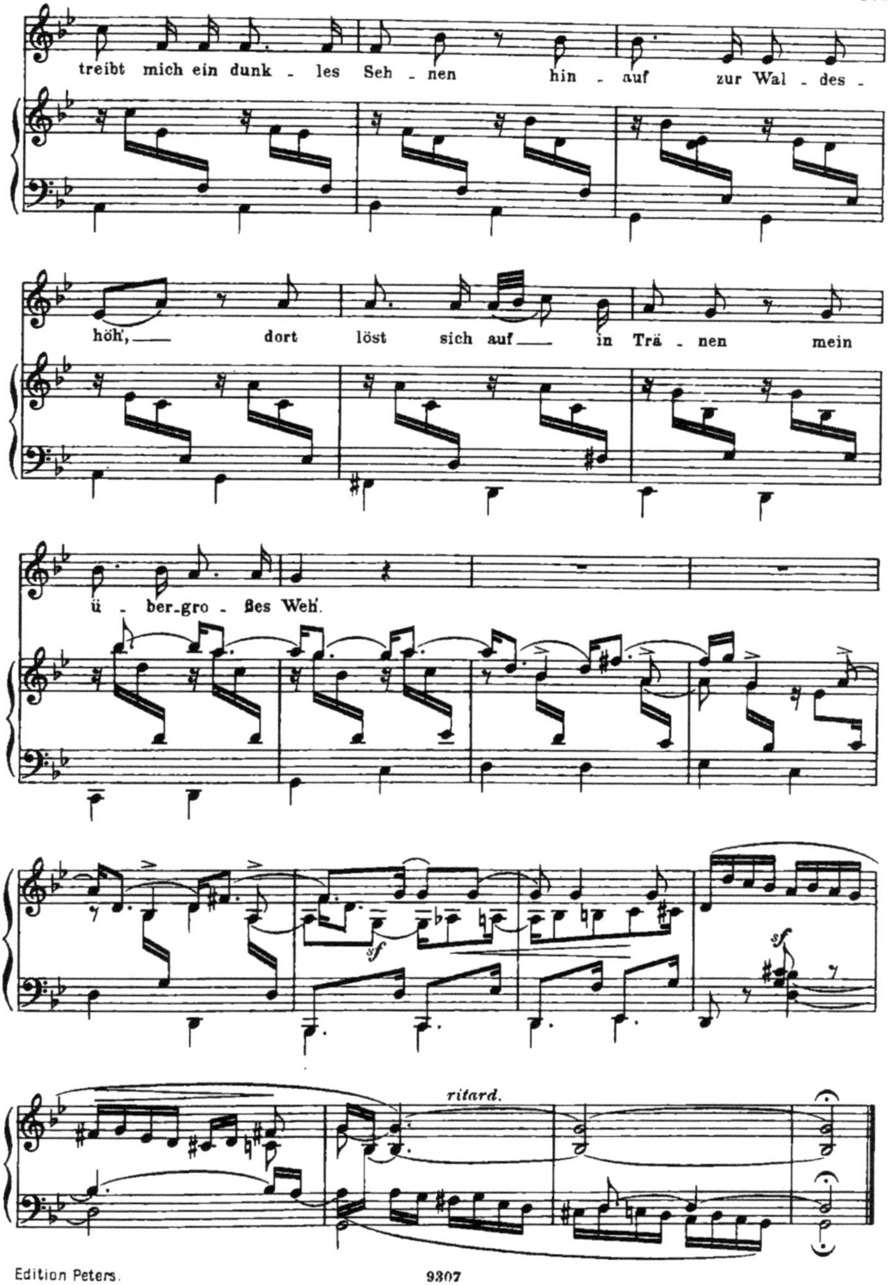
treibt mich ein dunk - les Seh - nen hin - auf zur Wal - des -
höh, dort löst sich auf in Trä - nen mein
ü - ber-gro - ßes Weh.
sf
ritard.

XI.
Ein Jüngling liebt ein Mädchen.

XII.
Am leuchtenden Sommermorgen.

XIII.
Ich hab' im Traum geweinet.

XIV.
Allnächtlich im Traume.

Edition Peters.

XV.
Aus alten Märchen.

XVI.
Die alten, bösen Lieder.

Ausgewählte Lieder.
Mit Myrten und Rosen.
(Heine.)

Erstes Grün.
(Kerner.)

Op. 35. No 4.

Sonntags am Rhein.
(Reinick.)

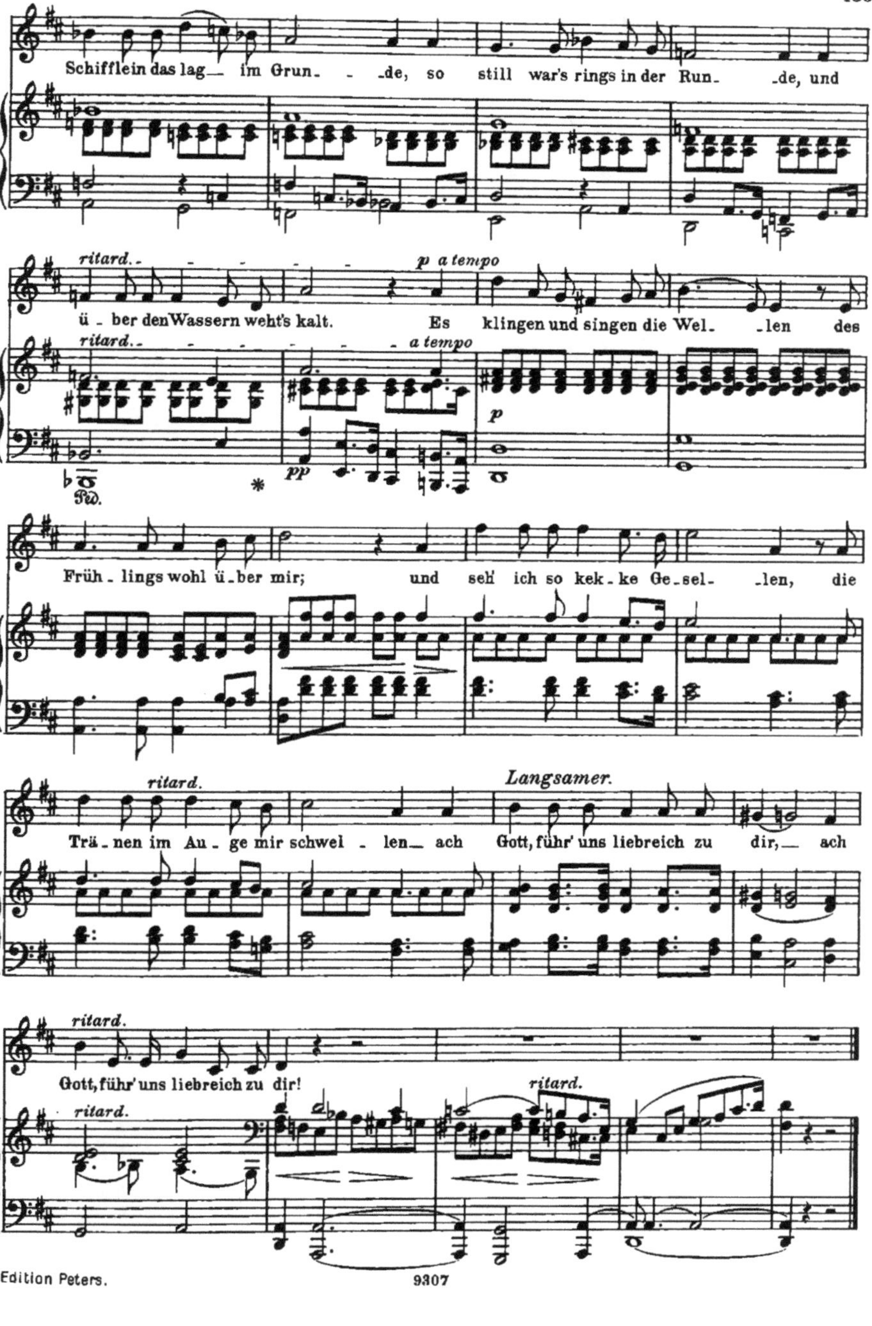
Schifflein das lag im Grun-de, so still war's rings in der Run-de, und
ritard.
p a tempo
ü-ber den Wassern weht's kalt. Es klingen und singen die Wel-len des
a tempo
p
pp
Ped.
Früh-lings wohl ü-ber mir; und seh' ich so kek-ke Ge-sel-len, die
ritard.
Langsamer.
Trä-nen im Au-ge mir schwel-len ach Gott, führ' uns liebreich zu dir, ach
ritard.
Gott, führ' uns liebreich zu dir!

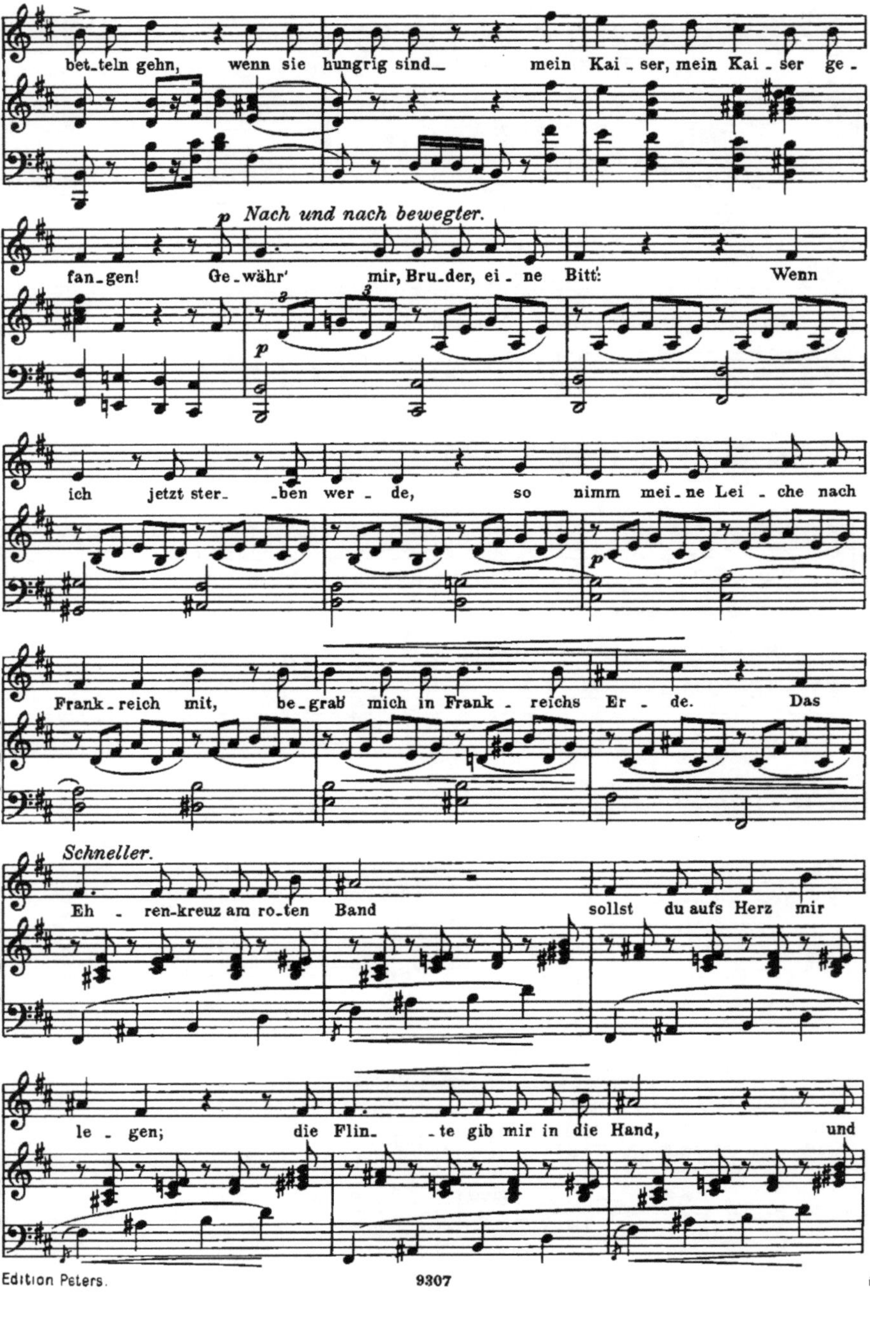
bet_teln gehn, wenn sie hungrig sind_ mein Kai_ser, mein Kai_ser ge_
Nach und nach bewegter.
fan_gen! Ge_währ' mir, Bru_der, ei_ne Bitt: Wenn
ich jetzt ster_ben wer_de, so nimm mei_ne Lei_che nach
Frank_reich mit, be_grab' mich in Frank_reichs Er_de. Das
Schneller.
Eh_ren-kreuz am ro_ten Band sollst du aufs Herz mir
le_gen; die Flin_te gib mir in die Hand, und

Volksliedchen.
(Rückert.)

Ich wand're nicht.
(Christern.)

Op. 51. No 3.

Blondels Lied.
(Seidl.)

Op. 53. No 1.

Der arme Peter.
(Heine.)

I.

Op. 53. No 3.

Die Soldatenbraut.
(Mörike.)

Dein Angesicht.
(Heine.)

Romanze.
Ebro caudolose.
(Aus dem Spanischen von Geibel.)

Anmerkungen und Textrevision
zu
Robert Schumanns Liedern.

Verzeichnis der Lesarten der Dichter, soweit Schumanns Text von ihnen abweicht.*)

Myrten.

Komponiert 1840. Von Schumann „seiner geliebten Braut" zugeeignet.**)

1. **Widmung.** Bei Rückert ohne Überschrift.
Der 25. Takt des Liedes, Seite 4 Zeile 4 Takt 3 lautet in der Original-Ausgabe:

während in den zwei vorhandenen Manuskripten bei × statt der 3 a in der Mittelstimme 3 gis stehen. Es ist wahrscheinlich, daß die charakteristische Dissonanz gis nur durch ein Versehen der Stecher in die Konsonanz a verwandelt worden ist, und da der erste Druck des Liedes auch sonst Fehler enthält, glaubte der Herausgeber hier ausnahmsweise die Lesart der Handschriften adoptieren zu dürfen.
Seite 4 Zeile 2 lautet in sämtlichen Ausgaben der Rückertschen Gedichte:
Du bist der Himmel mir beschieden.
Nur im ersten Drucke des Gedichts, im Taschenbuch Urania v. J. 1823, findet sich Schumanns Lesart: vom Himmel mir beschieden.

2. **Freisinn.** Aus dem „Buche des Sängers" in Goethes „Westöstlichem Divan".
In Schumanns Manuskript dieses Liedes und der No. 5 und 6 ist die Singstimme im Baßschlüssel geschrieben.

3. **Der Nussbaum.**
Beim Dichter heißt es:
Seite 8: Breitet er blättrig die Äste aus.
Seite 10: Sie flüstern von einem Mägdlein, das
Dächte,
Nächte,
Tage lang, wüßte ach! selber nicht was.
Seite 10: Sie flüstern — wer mag verstehn so gar
Leise
Weise?
Flüstern vom Bräut'gam und nächstem Jahr.

4. **Jemand.** Für dieses und die später folgenden Gedichte von Rob. Burns benutzte Schumann die Übersetzung von W. Gerhard (Leipzig, 1840).

6. **Setze mir nicht.**
Seite 16 Zeile 1: Du zierlicher Knabe.

8. **Talismane.** Aus dem „Buche des Sängers" im Westöstlichen Divan. Beim Dichter sind es drei getrennte Vierzeiler. Von Schumann zugesetzt sind Seite 19 Zeile 4: Gottes bis Occident! und Seite 20 die Schlußworte: Amen, Amen.

---

*) Ausführlichere Notizen über Komposition und Originaltexte sämtlicher Schumannscher Lieder finden sich in der als besonderes Heft erschienenen: **Textrevision zu Schumanns Liedern** von Max Friedlaender, Leipzig, C. F. Peters.
**) Wie die Myrten, so fallen auch fast sämtliche übrigen Lieder des vorliegenden Bandes in die Zeit, als der Komponist verlobt war. Ausgenommen sind nur folgende Nummern aus der Abteilung „Ausgewählte Lieder": No. 2, 3, 6 und 10, die in den ersten drei Monaten der jungen Ehe komponiert wurden, sowie No. 8–9 und 12–15, die in den späteren Jahren entstanden.

9. **Lied der Suleika.** Aus dem Westöstlichen Divan.
   Seite 22 Zeile 2 schrieb Schumann aus Versehen: erblickst statt erblickt.
11. **Lied der Braut.** Beim Dichter ohne Überschrift.
   Seite 28 Zeile 2: Schumanns Lesart: „lieb ich erst dich sehr" statt „ganz" wurde als offenbarer Schreibfehler verbessert.
13. **Hochländers Abschied.** In der von Schumann benutzten Gerhardschen Übersetzung lautet die Überschrift: „Mein Herz ist im Hochland"; ferner:
   Seite 30 Zeile 2: mein heimischer Nord.
   Seite 32 Zeile 1: Mein Herz ist im Hochland, mein Herz ist nicht hier,
   Mein Herz, liebe Heimat, ist immer bei dir.
   Es jaget den Hirsch und verfolget das Reh;
   Mein Herz ist im Hochland, wohin ich auch geh!
14. **Hochländisches Wiegenlied.**
   Seite 33 Zeile 1 Strophe 3: im Niederland statt in Niederland.
15. **Aus den hebräischen Gesängen.** Schumann nennt die von ihm benutzte Byron-Übersetzung nicht. Sie rührt von Julius Körner her und ist 1821 im Verlage der Gebrüder Schumann (Vater und Onkel des Komponisten) erschienen.
   Überschrift: Israelitische Gesänge. No. 9. Die Laute.
   Seite 34 Zeile 3: die Laute, sie mag ich noch hören:
   Seite 35 Zeile 1: die den Schmerz betören!
   Seite 35 Zeile 3: es zaubern's
   Seite 36 Zeile 4: weil ich weinen muß
   Seite 37 Zeile 3: Jetzt ward's vom Äußersten belehret —
   Da bricht's, wo nicht, heilt's im Gesang.
16. **Rätsel.** Übersetzung von Karl Ludwig Kannegiesser, Zwickau, 1827.
   Schumann schreibt im Manuskript zur Überschrift: „Scherz, dessen Auflösung die Musik erleichtern hilft", ferner: „Der Vortrag ist nach den Worten zu schattieren". Zum Schluß hatte Schumann einen vierstimmigen Chor ad libitum zugefügt; alle Stimmen singen ihre Melodie auf h h h h h h h.
   Seite 40: Du hauchst es täglich, es ist nur ein Hauch.
   Seite 39 ist der offenbare Druckfehler der Original-Ausgabe: der Gottesgelahrtheit verbessert worden.
17. 18. **Zwei venetianische Lieder.** Die Übersetzung ist von Freiligrath.
   Seite 43 Zeile 4: Dienste statt Diensten.
   Seite 44 Takt 9: in der Singstimme gehört wahrscheinlich die auf das dritte, Pia — auf das vierte Achtel.
   Seite 45 Zeile 1: O, komm! jetzt, wo Lunen
   Noch Wolken umziehn.
19. **Hauptmanns Weib.**
   Seite 46: Pulverdampfe und: Lieb im Kampfe.
20. **Weit, weit.**
   Seite 48 Zeile 3: Der schmucke Junge, den ich lieb,
   Seite 48 Zeile 2 und 3: Dem ich's zu Ehren trag.
   Das Gedicht hat vier Strophen.
22. **Niemand.** Der Zusatz „Seitenstück zu Jemand" ist von Schumann.
23. **Im Westen.** Überschrift und Zeile 4: In Westen.
24. **Du bist wie eine Blume.**
   (Schumann schrieb aus Versehen beide Male — Zeile 1 und 4 — so schön, so rein und hold. Bei Heine heißt es Zeile 1: so hold und schön und rein und Zeile 4: so rein und schön und hold.)
25. **Aus den „Östlichen Rosen".**
   „In Erwartung Klaras" schreibt der Komponist, damals glücklichster Bräutigam, im Manuskript zu Beginn des Liedes (Anfang April 1840).
   Überschrift beim Dichter: Ein Gruß an die Entfernte.
   Seite 55 Zeile 4: an ein Auge frühlingslicht.
26. **Zum Schluß.**
   (Seite 57 Zeile 3 schrieb Schumann: aufgenommen. Bei Rückert heißt es: aufgenomm'nen.)

Liederkreis.

Komponiert 1840. Die Überschrift rührt von Schumann her.

Schumanns Liederkreis, zuerst im September 1842 in Tobias Haslingers Verlag in Wien erschienen, ist später in den Besitz der Verlagsfirma F. Whistling in Leipzig übergegangen. Bei dieser Gelegenheit hat Schumann eine Reihe wichtiger Änderungen in der Melodie, Harmonie und selbst in der Taktbezeichnung der Lieder vorgenommen, die in der vorliegenden Ausgabe selbstverständlich berücksichtigt worden sind.

1. **In der Fremde.**
    Erst in der zweiten Ausgabe des Liederkreises ist dieses Lied der nordischen Mignon vom Komponisten eingefügt worden an Stelle von: Wem Gott will rechte Gunst erweisen (II. Band der Lieder S. 167).
    Seite 58 Zeile 4: wie bald, wie bald kommt die stille Zeit.
    Seite 59 Zeile 4 und 5: und keiner mehr kennt mich auch hier.
2. **Intermezzo.**
    Seite 60 und 61: hab ich in Herzensgrund
3. **Waldesgespräch.**
    Von Schumann im Manuskript und im ersten Druck im $^6/_4$-Takt (statt $^3/_4$-Takt) notiert.
    Seite 62: Überschrift: Waldesgespräch (in späteren Auflagen: Loreley).
    Seite 62 und 65: Es ist schon spät, es wird schon kalt.
4. **Die Stille.**
    Seite 66 und 67: Kein Mensch es sonst wissen soll!
    Die dritte Strophe des Gedichts hat Schumann nicht komponiert.
5. **Mondnacht.**
    In zwei Autographen des Liedes und im ersten Druck wiederholt die Singstimme im 9. und 8. Takt vor Schluß die Worte: nach Haus auf demselben Tone.
    Seite 68 Zeile 3: von ihm nun träumen müßt.
7. **Auf einer Burg.**
    (Seite 72 Zeile 2 schrieb Schumann: drüben gehen Regenschauer. Beim Dichter heißt es: drüber.)
8. **In der Fremde.**
    Seite 75 Zeile 4: so ist von Schumann zugesetzt.
9. **Wehmut.**
    Seite 76 Zeile 3: So lassen Nachtigallen.
    Seite 77 Zeile 1: Aus ihres Käfigs Gruft.
10. **Zwielicht.**
    Seite 79 Zeile 3: Was heut müde gehet unter,
    Hebt sich morgen neu geboren.
    Manches bleibt in Nacht verloren —
    Hüte dich, bleib wach und munter!
11. **Im Walde.**
    Seite 81 Zeile 4 und 5: schauert im Herzensgrunde.
12. **Frühlingsnacht.**
    Seite 82 Zeile 1: Übern Garten, durch die Lüfte.
    Seite 83 Zeile 3: Und in Träumen rauscht's der Hain.

Frauen-Liebe und Leben.

Komponiert 1840. Von Schumann: „seinem Freunde Oswald Lorenz zugeeignet".

2. **Er, der Herrlichste von allen.**
    Seite 87 Zeile 1: Hell und herrlich, hoch und fern.
    Seite 88 Zeile 3: Soll beglücken deine Wahl,
    Und ich will die Hohe segnen,
    Segnen viele tausend Mal.
3. **Ich kann's nicht fassen, nicht glauben.**
    Seite 91 Zeile 1: Den seligsten Tod mich schlürfen.
4. **Du Ring an meinem Finger.**
    Seite 92 Zeile 3: Der Kindheit friedlichen Traum.
    Seite 93 Zeile 1: Des Lebens unendlichen Wert.
    Seite 93 Zeile 1: Ich werd ihm dienen, ihm leben.
5. **Helft mir, ihr Schwestern.**
    Seite 94 Zeile 4: Als ich befriedigt,
    Freudiges Herzens,
    Dem Geliebten im Arme lag.
    Seite 95 Zeile 4: Gibst du, Sonne, mir deinen Schein?
    Seite 96 Zeile 1: Laß mich in Demut
    Mich verneigen dem Herren mein.
6. **Süßer Freund, du blickest.**
    Seite 97 Zeile 3: Freudenhell erzittern
    In den Wimpern mir.
    Die dritte Strophe des Gedichts ist nicht komponiert.

7. **An meinem Herzen, an meiner Brust.**
Seite 100 Zeile 4: Ich hab es gesagt und nehm's nicht zurück.
Hab überglücklich mich geschätzt,
Bin überglücklich aber jetzt.
Seite 103 Zeile 1: Du schauest mich an und lächelst dazu,
Du lieber, lieber Engel, du!

8. **Nun hast du mir den ersten Schmerz getan.**
Im Manuskript steht im 8. und 6. Takte eine ungleich herbere, sehr charakteristische Lesart:

Seite 104 Zeile 2: Du schläfst, du kalter, unbarmherzger Mann.
Seite 105 Zeile 1: Da hab ich dich und mein vergangnes Glück.
Das neunte (Schluß-) Gedicht des Chamissoschen Liederzyklus hat Schumann nicht komponiert.

Dichterliebe.

Komponiert 1840. Von Schumann „Frau Wilhelmine Schröder-Devrient" zugeeignet. Die Überschrift rührt von Schumann her.

3. **Die Rose, die Lilie.**
Seite 109 Zeile 3: sie selber, aller Liebe Bronne

7. **Ich grolle nicht.**
Die oberen Noten der Melodie in Takt 10, 9 und 8 vor Schluß stehen nicht im Manuskript, Schumann hat sie erst bei der Druckkorrektur hinzugefügt.
Seite 116 Zeile 5 ff: Das weiß ich längst. Ich sah dich ja im Traum,
Und sah die Nacht in deines Herzens Raum.

8. **Und wüßten's die Blumen.**
In der Handschrift und im ersten Druck ohne Tempobezeichnung.
Seite 120 Zeile 1: Die alle können's nicht wissen

9. **Das ist ein Flöten und Geigen.**
Im Manuskript schrieb Schumann in den Takt 9 vor Schluß hinein: „Vivat hoch ———".
Seite 121 Zeile 3: Trompeten schmettern drein;
Da tanzt den Hochzeitsreigen
Seite 122 Zeile 4: Dröhnen von Pauken
Seite 123 Zeile 2: Die guten Engelein

10. **Hör ich das Liedchen klingen.**
Seite 124 Zeile 4: vor wildem Schmerzensdrang

11. **Ein Jüngling liebt ein Mädchen.**
Allegro ist die Tempobezeichnung des Manuskripts.
Seite 126 Zeile 4: Das Mädchen heurathot aus Ärger.

14. **Allnächtlich im Traume.**
In der Original-Ausgabe steht keine Tempobezeichnung. Im Manuskript schreibt Schumann „Ziemlich langsam" vor.

15. **Aus alten Märchen winkt es.**
Die Vorschrift des Komponisten: Mit hellem Ton (so steht im Manuskript) wäre zu beachten.

16. **Die alten bösen Lieder.**
Seite 138 Zeile 2: Die Träume schlimm und arg.
Seite 138 Zeile 5: Von Brettern fest und dick.
Seite 140 Zeile 1: Ich legt auch meine Liebe.

Ausgewählte Lieder.

1. **Mit Myrten und Rosen.** Komponiert 1840. Text wortgetreu nach dem Buch der Lieder 1827. In den früheren und späteren Drucken viele Varianten Heines.
2. **Wanderlied.** Komponiert 1840.
   Seite 146 Zeile 5: Die Blumen einst pflanzt er
3. **Erstes Grün.** Komponiert 1840. Überschrift: Frühlingskur.
   Seite 148 Zeile 5: brichst du aus der Erde Nacht
4. **Sonntags am Rhein.** Komponiert 1840.
   Seite 152 Zeile 2: von alter, starker Zeit
   Seite 152 Zeile 5: in hellem Schein
5. **An den Sonnenschein.** Komponiert 1840.
   In der Original-Handschrift heißt es zum Schluß: „Schrieb's bei schönem Sonnenschein, auch des Lebens. Robert Schumann, 22. Aug. 1840." (Drei Wochen vor der Hochzeit.) — Zu Beginn stand ursprünglich: Im Volkston.
   Seite 154 Zeile 4: und wie ich lauf.
6. **Frühlingsfahrt.** Komponiert 1840.
   Überschrift beim Dichter: Die zwei Gesellen.
   Seite 156 Zeile 2: So jubelnd recht in die hellen
       Klingenden, singenden Wellen
   Seite 158 Zeile 3: Ihn in der buhlenden Wogen
       Farbig klingenden Schlund.
   Seite 159 Zeile 1: So still war's rings in die Runde
   Seite 159 Zeile 2: Und über die Wasser weht's kalt
       Es singen und klingen die Wellen.
   Schumanns Lesarten: Seite 157: „Und wenn sie vorübergingen, dann lachten Sinnen und Herz" und Seite 158: aufwacht vom Schlunde (statt auftaucht) sind als offenbare Schreibfehler verbessert worden.
7. **Die beiden Grenadiere.** Komponiert 1840.
   Seite 160 Zeile 4: zerschlagen statt geschlagen.
8. **Volksliedchen.** Komponiert 1842. Bei Rückert ohne Überschrift. Zwei getrennte Vierzeiler, der erstere nicht wiederholt.
   Seite 164 Zeile 4: ist kein Stern.
9. **Ich wandre nicht.** Komponiert 1841.
   No. 8 und 9 waren ursprüglich einzeln als Beiträge Schumanns für Gesang-Albums erschienen. Diese frühesten Lesarten sind vom Komponisten bei der Aufnahme der Lieder in das Op. 51 an manchen Stellen geändert worden. Unser Abdruck erfolgt nach Op. 51.
10. **Blondels Lied.** Komponiert 1840.
11. **Der arme Peter.** Komponiert 1840.
    Seite 174 Zeile 3: so still und stumm
    Seite 175 Zeile 3: und schaut
    Seite 175 Zeile 4: ich tät.
    Seite 177 Zeile 2: wenn sie ihn sehn
    Seite 177 Zeile 2: auf der Straße stehn.
    Seite 177 Zeile 3: der legt sich erst ins Grab hinein.
12. **Die Soldatenbraut.** Komponiert 1847.
13. **Marienwürmchen.** Komponiert 1849.
14. **Dein Angesicht.** Komponiert 1850—51.
    Seite 183 und 184: Und doch so bleich, so schmerzensbleich
15. **Romanze.** Aus Schumanns „Spanischen Liebesliedern", komponiert 1849. Text von Geibel aus einem anonymen spanischen Gedicht übersetzt.
    Seite 186 Zeile 2 bei Geibel: bunt mit Farben sticket.

Alphabetisches Verzeichnis
der
Liedertitel und Textanfänge
nach Band und Seitenzahl.

Die Liedertitel sind mit gerader, die Textanfänge mit schräger Schrift gedruckt.

Abendlied III 132.
Abends am Strand II 125.
Abschied vom Walde III 29.
Abschied von der Welt III 185.
Abschied von Frankreich III 180.
Ach, wenn's nur der König auch wüßt I 178.
Allnächtlich im Traume seh ich dich I 132.
Als das Christkind ward zur Welt II 195.
Als ich zuerst dich hab gesehn II 81.
Also lieb ich euch, Geliebte II 160.
Alte Laute II 79.
Am leuchtenden Sommermorgen I 128.
An den Mond III 59.
An den Sonnenschein I 154.
An die Königin Elisabeth III 183.
An die Türen will ich schleichen III 98.
Anfangs wollt ich fast verzagen II 20.
An meinem Herzen, an meiner Brust I 100.
Auf das Trinkglas eines verstorbenen Freundes II 68.
Auf deinem Grunde haben II 138.
Auf dem Dorf in den Spinnstuben III 128.
Auf dem Rhein II 138.
Auf einer Burg I 72.
Auf ihrem Grab da steht eine Linde II 156.
Auf ihrem Leibrößlein so weiß III 125.
Aufträge II 176.
Aus alten Märchen winkt es I 134.
Aus dem dunkeln Tor wallt III 156.
Aus den hebräischen Gesängen I 84.
Aus den östlichen Rosen I 55.
Aus der Heimat hinter den Blitzen I 58.
Aus meinen Tränen sprießen I 108.
Ballade III 200.
Ballade des Harfners III 78.
Belsazar II 144.
Berg und Burgen schaun herunter II 18.
Birke, Birke, des Waldes Zier II 150.
Blondels Lied I 169.
Da die Heimat, o Vater III 54.
Da ich nun entsagen müssen II 34.
Da liegt der Feinde gestreckte Schar III 142.
Dämmrung will die Flügel spreiten I 78.
Da nachts wir uns küßten, o Mädchen II 120.
Das ist ein Flöten und Geigen I 121.
Das Körnlein springt, der Vogel singt III 104.
Daß du so krank geworden II 78.
Das verlassne Mägdelein II 150.
Dein Angesicht I 183.
Dein Angesicht, so lieb und schön I 183.
Dein Bildnis wunderselig I 60.
Dein Tag ist aus, dein Ruhm fing an III 62.
Dem Helden II 62.
Dem holden Lenzgeschmeide III 37.
Dem roten Röslein gleicht mein Lieb II 22.
Den grünen Zeigern, den roten Wangen III 140.
Den Säugling an der Brust II 54.
Der Abendstern II 180.
Der arme Peter I 174.
Der arme Peter wankt vorbei I 177.
Der Bräutigam und die Birke III 150.
Der Einsiedler III 10.
Der frohe Wandersmann II 167.

Der Frühling kehret wieder II 194.
Der Gärtner III 125.
Der Handschuh III 12.
Der Hans und die Grete tanzen I 174.
Der Hidalgo II 38.
Der Himmel hat eine Träne geweint II 93.
Der Himmel wölbt sich rein und blau II 110.
Der Husar, trara! was ist die Gefahr III 134.
Der Knabe mit dem Wunderhorn II 30.
Der Kontrabandiste II 163.
Der leidige Frieden hat lange III 136.
Der Nußbaum I 8.
Der Page II 34.
Der Sandmann II 192.
Der Schatzgräber II 122.
Der Schnee, der gestern noch II 208.
Der schwere Abend III 48.
Der Soldat II 114.
Der Sonntag ist gekommen II 184.
Der Spielmann II 117.
Der Wanderer, dem verschwunden III 203.
Der Zeisig III 115.
Des Buben Schützenlied II 206.
Des Knaben Berglied II 189.
Des Sennen Abschied II 202.
Des Sonntags in der Morgenstund I 150.
Dichters Genesung II 84.
Die alten bösen Lieder I 138.
Die beiden Grenadiere I 160.
Die Blume der Ergebung III 6.
Die dunklen Wolken hingen III 48.
Die feindlichen Brüder II 123.
Die Fenster klär ich zum Feiertag III 123.
Die Fensterscheibe III 123.
Die Hochländer-Witwe I 24.
Die Hütte III 144.
Die Kartenlegerin II 48.
Die letzten Blumen starben III 118.
Die Lotosblume I 17.
Die Lotosblume ängstigt sich I 17.
Die Löwenbraut II 42.
Die Meerfee III 154.
Die Mitternacht zog näher schon II 144.
Die Mutter betet herzig II 112.
Die Nonne II 132.
Die Rose, die Lilie, die Taube I 109.
Die rote Hanne II 54.
Die Sennin III 42.
Die Soldatenbraut II 178.
Die Sonne sah die Erde an III 67.
Die Spinnerin III 128.
Die Stille I 66.
Die Tochter Jephtas III 54.
Die Waise II 194.
Die wandelnde Glocke II 197.
Die Weiden lassen matt die Zweige III 121.
Dir zu eröffnen mein Herz verlangt II 140.
Du bist vom Schlaf erstanden III 75.
Du bist wie eine Blume I 54.
Du herrlich Glas, nun stehst du leer II 68.
Du junges Grün, du frisches Gras I 148.
Du lieblicher Stern, du leuchtest so fern II 180.

9307. 8714. 7044.

Du meine Seele, du mein Herz I 3.
Du nennst mich armes Mädchen III 114.
Durch die Tannen, durch die Linden III 25.
Du Ring an meinem Finger I 92.
Eingeschlafen auf der Lauer I 72.
Ein Jüngling liebt ein Mädchen I 126.
Einsamkeit III 45.
Ein scheckiges Pferd, ein blankes Gewehr III 214.
Entflieh mit mir und sei mein Weib II 152.
Er, der Herrlichste von allen I 86.
Er ist's II 204.
Erstes Grün I 148.
Es fiel ein Reif in der Frühlingsnacht II 154.
Es flüstert und rauschen die Wogen II 143.
Es flüstert's der Himmel I 38.
Es geht bei gedämpfter Trommeln II 114.
Es geht der Tag zur Neige III 148.
Es grünet ein Nußbaum vor dem Haus I 8.
Es ist schon spät, es ist schon kalt I 62.
Es ist so still geworden III 132.
Es ist so süß zu scherzen II 38.
Es leuchtet meine Liebe III 170.
Es rauschen die Wipfel und schauern I 70.
Es stürmet am Abendhimmel III 19.
Es treibt mich hin, es treibt mich her II 4.
Es war, als hätt der Himmel I 70.
Es war ein Kind, das wollte nie II 197.
Es weiß und rät es doch keiner I 66.
Es zog eine Hochzeit den Berg entlang I 80.
Es zogen zwei rüstge Gesellen I 156.
Fein Rößlein, ich beschlage dich III 36.
Flügel! Flügel! um zu fliegen II 99.
Flutenreicher Ebro I 185.
Frage II 74.
Freisinn I 6.
Frühling läßt sein blaues Band II 204.
Frühlings Ankunft II 199.
Frühlingsbotschaft II 181.
Frühlingsfahrt I 156.
Frühlingsgruß II 182.
Frühlingslied III 164.
Frühlingslust III 166.
Frühlingsnacht I 82.
Früh, wann die Hähne krähn I 150.
Gebet III 187.
Geistesnähe II 172.
Gekämpft hat meine Barke III 119.
Geständnis II 160.
Gesungen III 74.
Gottes ist der Orient I 19.
Grün ist der Jasminenstrauch II 26.
Hauptmanns Weib I 46.
Heimliches Verschwinden III 22.
Heiß mich nicht reden, heiß mich schweigen III 89.
Helft mir, ihr Schwestern, freundlich I 94.
Helle Silberglöcklein klingen III 154.
Herbstlied III 25.
Herr Jesu Christ, den sie gekrönt III 182.
Herzeleid III 121.
Hier in diesen erdbeklommnen Lüften I 57.
Himmel und Erde III 76.
Hinaus ins Freie II 191.
Hoch, hoch sind die Berge III 194.
Hochländers Abschied I 30.
Hochländers Wiegenlied I 33.
Hoch zu Pferd! Stahl auf zartem Leibe I 46.
Hör ich das Liedchen klingen I 124.
Hörst du den Vogel singen II 79.
Hört ihr im Laube des Regens III 74.
Husarenabzug III 156.
Ich armes Käuzlein kleine II 190.
Ich bin der Kontrabandiste I 181.
Ich bin die Blum im Garten III 6.
Ich bin ein lustger Geselle II 30.

Ich bin gekommen ins Niederland I 24.
Ich bin vom Berg der Hirtenknab II 189.
Ich blick in mein Herz II 134.
Ich grolle nicht und wenn das Herz I 116.
Ich hab im Traum geweinet I 130.
Ich hab in mich gesogen II 96.
Ich hab mein Weib allein I 51.
Ich hör die Bächlein rauschen I 74.
Ich kann's nicht fassen, nicht glauben I 90.
Ich kann wohl manchmal singen I 76.
Ich schau über Forth, hinüber I 53.
Ich sende einen Gruß wie Duft I 55.
Ich wandelte unter den Bäumen II 6.
Ich wandre nicht I 166.
Ich will meine Seele tauchen I 112.
Ich zieh dahin, dahin III 180.
Ich zieh so allein in den Wald III 130.
Ihre Stimme III 71.
Ihr Matten, lebt wohl, ihr sonnigen II 202.
Im Garten steht die Nonne II 132.
Im Rhein, im heiligen Strome I 114.
Im Städtchen gibt es des Jubels viel II 117.
Im Wald III 130.
Im Walde I 80.
Im Wald, in grüner Runde III 144.
Im Westen I 53.
Im wunderschönen Monat Mai I 106.
In den Talen der Provence III 196.
In der Fremde I 58 74.
In der hohen Hall saß König Sifrid III 200.
In einsamen Stunden drängt Wehmut II 174.
In meiner Brust da sitzt ein Weh I 176.
Ins Freie III 31.
Intermezzo I 60.
Jasminenstrauch II 26.
Jeden Morgen, in der Frühe II 188.
Jemand I 12.
Jung Volkers Lied III 162.
Käuzlein II 190.
Kennst du das Land, wo die Zitronen blühn II 212.
Kinderwacht II 201.
Kleine Tropfen, seid ihr Tränen III 208.
Kommen und Scheiden III 40.
Komm in die stille Nacht II 80.
Komm, Trost der Welt, du stille Nacht III 10.
Kommt, wir wollen uns begeben II 183.
Könnt ich dich in Liedern preisen I 72.
Kuckuck, Kuckuck ruft aus dem Wald II 181.
Laß mich ihm am Busen hangen I 29.
Laß tief in dir mich lesen III 71.
Laßt mich nur auf meinem Sattel gelten I 6.
Lehn deine Wang an meine Wang III 206.
Leis rudern hier, mein Gondolier I 41.
Lieben von ganzer Seele III 3.
Liebesbotschaft II 89.
Liebeslied II 140.
Lieb Liebchen, legs Händchen aufs Herze II 8.
Liebster, deine Worte stehlen III 106.
Liebste, was kann denn uns scheiden II 98.
Lied der Braut I 27 29.
Lied der Suleika I 21.
Lied eines Schmiedes III 36.
Lieder aus dem Schenkenbuch im Divan I 14 15.
Lied Lynceus des Türmers II 210.
Loreley II 143.
Lust der Sturmnacht II 60.
Mädchen-Schwermut III 208.
Marienwürmchen I 181.
Marienwürmchen, setze dich I 181.
Märzveilchen III 110.
Mein altes Roß III 174.
Mein altes Roß, mein Spielgenoß III 174.
Mein Aug' ist trüb, mein Mund ist II 24.
Meine Rose III 87.

9307. 8714. 7044.

Meine Töne still und heiter III 102.
Mein Garten II 170.
Mein Herz ist betrübt, ich sag es nicht I 12.
Mein Herz ist im Hochland I 30.
Mein Herz ist schwer! Auf! von der Wand I 34.
Mein schöner Stern, ich bitte dich III 108.
Mein Wagen rollet langsam III 210.
Melancholie II 158.
Mignon II 212.
Mir ist's so eng allüberall III 31.
Mit dem Pfeil, dem Bogen II 206.
Mit der Myrte geschmückt II 42.
Mit Myrten und Rosen, lieblich I 141.
Mond, meiner Seele Liebling III 112.
Mondnacht I 68.
Morgens steh ich auf und frage II 3.
Mutter, Mutter, glaube nicht I 27.
Muttertraum II 112.
Nach der Geburt ihres Sohnes III 182.
Nach diesen trüben Tagen II 199.
Nach Frankreich zogen zwei Grenadier I 160.
Nachtlied III 66.
Nachts zu unbekannter Stunde III 22.
Nicht so schnelle, nicht so schnelle II 176.
Nichts Schöneres II 81.
Niemand I 51.
Nun hast du mir den ersten Schmerz I 104.
Nun scheidet vom sterbenden Walde III 29.
Nun stehen die Rosen in Blüte III 166.
Nur ein Gedanke, der mich freut III 183.
Nur ein lächelnder Blick von deinem II 28.
Nur wer die Sehnsucht kennt III 84.
Oben auf des Berges Spitze II 128.
O Freund, mein Schirm, mein Schutz III 110.
O Gott, mein Gebieter, ich hoffe III 187.
O ihr Herren, o ihr werten II 95.
O Schmetterling, sprich, was fliehest II 180.
O Sonnenschein! Wie scheinst du mir I 154.
O Sonn, o Meer, o Rose II 108.
O wie lieblich ist das Mädchen III 180.
Provenzalisches Lied III 196.
Rätsel I 38.
Reich mir die Hand, o Wolke III 116.
Requiem III 50.
Resignation III 3.
Romanze I 185.
Röselein III 34.
Röselein, Röselein! müssen denn Dornen sein III 34.
Rose, Meer und Sonne sind ein Bild II 103.
Ruh von schmerzensreichen Mühen III 50.
Sag an, o lieber Vogel mein II 20.
Sängers Trost III 168.
Schlafe, süßer kleiner Donald I 33.
Schlafloser Sonne melancholscher III 59.
Schlief die Mutter endlich ein II 48.
Schlußlied des Narren III 178.
Schmetterling II 180.
Schneeglöckchen II 208. III 67.
Schöne Fremde I 70.
Schöne Sennin, noch einmal III 42.
Schöne Wiege meiner Leiden II 9.
Sehnsucht II 134.
Sehnsucht nach der Waldgegend II 66.
Seit ich ihn gesehen I 84.
Setze mir nicht, du Grobian I 15.
Singet nicht in Trauertönen III 94.
Sitz ich allein, wo kann ich besser sein I 14.
So laßt mich scheinen, bis ich werde III 99.
Soldatenlied III 214.
Sonntag II 181.
Sonntags am Rhein I 150.
So oft sie kam, erschien mir die III 40.

So sei gegrüßt viel tausendmal II 182.
Spähend nach dem Eisengitter I 169.
Ständchen II 80.
Stille Liebe II 72.
Stiller Vorwurf II 174.
Stille Tränen II 75.
Stirb, Lieb und Freud II 62.
Süßer Freund, du blickest mich I 97.
Talismane I 19.
Tief im Herzen trag ich Pein III 188.
Tragödie II 152.
Trost im Gesang III 203.
Über allen Gipfeln ist Ruh' III 66.
Überm Garten durch die Lüfte I 82.
Und als ich ein winzig Bübchen war III 178.
Und die mich trug im Mutterarm III 162.
Und wieder hatt ich der Schönsten II 84.
Und wüßten's die Blumen, die kleinen I 118.
Unter die Soldaten ist II 186.
Veilchen, Rosmarin, Mimosen II 170.
Venetianische Lieder I 41 44.
Verratene Liebe II 120.
Viel Glück zur Reise, Schwalben III 113.
Volksliedchen I 164.
Vom Schlaraffenland II 183.
Vor seinem Löwengarten III 12.
Waldesgespräch I 62.
Wanderlied I 145.
Wanderung II 70.
Wann erscheint der Morgen II 158.
Wär ich nie aus euch gegangen II 66.
Warnung III 148.
Wärst du nicht, heiliger Abendschein II 74.
Warte, warte, wilder Schiffmann II 14.
Warum soll ich denn wandern I 166.
Was hör ich draußen vor dem Tor II 78.
Was nützt die mir noch zugemessne Zeit III 185.
Was soll ich sagen II 24.
Was weht um meine Schläfe II 172.
Was will die einsame Träne I 49.
Wehmut I 76.
Weh, wie zornig ist das Mädchen III 192.
Weihnachtlied II 195.
Weint auch einst kein Liebchen III 168.
Weit, weit I 48.
Wem Gott will rechte Gunst erweisen II 167.
Wenn alle Wälder schliefen II 122.
Wenn durch Berg und Tale drauße II 60.
Wenn durch die Piazzetta die Abendluft weht I 44.
Wenn fromme Kindlein schlafen gehn II 201.
Wenn ich früh in den Garten geh I 164.
Wenn ich in deine Augen seh I 110.
Wer machte dich so krank II 78.
Wer nie sein Brot mit Tränen aß III 86.
Wer sich der Einsamkeit ergibt III 92.
Widmung I 3.
Wie blüht es so im Tale II 191.
Wie des Bäume kühne Wipfel III 76.
Wie kann ich froh und munter sein I 48.
Wie mit innigstem Behagen I 21.
Wild verwachsne dunkle Fichten III 45.
Wir saßen am Fischerhause II 125.
Wir sind ja, Kind, im Maie III 115.
Wohlauf! noch getrunken den funkelnden Wein I 145.
Wohlauf und frisch gewandert II 70.
Wolken, die ihr nach Osten eilt II 89.
Zigeunerliedchen II 186 188.
Zu Augsburg steht ein hohes Haus II 62.
Zum Schluß I 57.
Zum Sehen geboren, zum Schauen bestellt II 210.
Zwei feine Stieflein hab ich an II 192.
Zwielicht I 78.

9307. 3714. 7044.